Die Autorin

Louise L.Hay begann ihre Arbeit, als sie bei der Selbstheilung ihrer eigenen Krebserkrankung erfuhr, welche Bedeutung eine positive Lebenseinstellung für den Heilungsprozeß haben kann. Ihre ersten Bücher stellten in den achtziger Jahren eine Revolution für das Selbstverständnis von Aids- und anderen Schwerstkranken dar. Seitdem hat sie mit ihrer Methode der positiven Selbstbeeinflussung mehr als 50 Millionen Menschen in über 30 Ländern der Welt geholfen. Um ihr Werk ist mit Hay House ein eigener Verlag entstanden, der heute in den USA zu den wichtigsten Vorreitern alternativer Gesundheitslehren und eines neuen humanen Umgangs mit menschlichen Problemen gehört. Ihr Name wurde zum Synonym für die Aktivierung von Selbstheilungskräften zur Unterstützung jeder ärztlichen Therapie. Sie lebt in Kalifornien.

Von Louise L. Hay sind in unserem Hause erschienen:

Gesundheit für Körper und Seele (Allegria)
Meditation für Körper und Seele (Allegria)
Licht für Körper und Seele (Allegria)

Das Beste, was mir je passiert ist
Gesundheit für Körper und Seele
Wahre Kraft kommt von innen
Aufbruch ins Licht
Balance für Körper und Seele
Gute Gedanken für jeden Tag
Die Kraft einer Frau
Du bist dein Heiler!
Das Leben lieben
Du selbst bist die Antwort
Die innere Ruhe finden
Das große Buch der heilenden Gedanken
Das große Buch der wahren Kraft

Balance für Körper und Seele (CD)
Gedanken der Kraft (CD)
Liebe statt Angst (CD)
Du bist dein Heiler! (CD)
Heilende Gedanken für Körper und Seele (CD)
Verzeihen ist Leben (CD)

Du bist dein Heiler! (Kartendeck)
Körper und Seele (Kartendeck)
Glück und Weisheit (Kartendeck)
Jeden Tag gut drauf (Kartendeck)
Du kannst es! (Kartendeck)

Louise L. Hay

Meditationen für Körper und Seele

Aus dem Amerikanischen
von Thomas Görden

Ullstein

Besuchen Sie uns im Internet:
www.ullstein-taschenbuch.de

Allegria im Ullstein Taschenbuch
Herausgegeben von Michael Görden

Umwelthinweis:
Dieses Buch wurde auf chlor- und säurefreiem Papier gedruckt.

Erstausgabe im Ullstein Taschenbuch
1. Auflage Oktober 2007
© der deutschsprachigen Ausgabe 2005 by Ullstein Buchverlage GmbH, Berlin
© der Originalausgabe MEDITATIONS TO HEAL YOUR LIFE – GIFT EDITION,
2002 by Louise L. Hay
Umschlaggestaltung: FranklDesign, München
Titelabbildung: Joan Perrin Falquet
Innenillustrationen: Joan Perrin Falquet
Buchdesign: Summer McStravick
Gesetzt aus der Tiepolo
Satz: LVD GmbH, Berlin
Druck und Bindearbeiten: Offizin Andersen Nexö Leipzig GmbH
Printed in Germany
ISBN 978-3-548-74395-0

*Allen Schülern auf dem Pfad des Lebens,
die erkennen, wie wichtig es ist, sich selbst
lieben zu lernen.
Ich widme dieses Buch uns allen.*

Inhalt

Einleitung 9

Affirmationen 10
Aids 12
Akzeptanz 14
Altern 16
Alte Tonbänder 18
Angst 20
Arbeit 22
Autorität 24

Bedingungslose Liebe 26
Bestimmung 28
Bewusstsein 30
Beziehungen 32

Das Denken verändern 34

Einkommen 36
Einzigartigkeit 38
Eltern 40
Energie 42
Entscheidungen 44
Entscheidungsfreiheit 46
Erfolg 48
Erleuchtung 50
Ernährung 52
Erwartungen 54
Essen 56

Familie 58
Feier- und Ferientage 60
Finanzen 62
Frieden 64
Fürsorge 66

Geben und Empfangen 68
Gedanken 70
Geduld 72
Gefühle 74
Geld 76
Geldsorgen 78
Gemeinschaft 80
Genug für alle 82
Geschäft 84
Gott 86
Göttliche Führung 88
Grenzen 90
Groll 92

Hausarbeit 94
Heilung 96
Das Höchste Gute 98
Horizonte erweitern 100
Humor 102
Hunger 104

Immunsystem 106
Individualität 108

Jugendliche 110

Kinder 112
Kindesmisshandlung . . . 114

Klarheit	116	Sicherer Sex	180
Klatsch	118	Spiegelarbeit	182
Kommunikation	120	Spirituelle Gesetze	184
Kontrolle	122	Spirituelles Wachstum	186
Kopfschmerzen	124	Straßenverkehr	188
Krankheit	126	Sucht	190
Kreativität	128		
Kritik	130	Tod	192
		Trauer	194
Lebensabend	132	Träume	196
Lernen	134	Tun	198
Liebe	136		
Loslassen	138	Unterbewusstsein	200
		Unterstützung	202
Macht	140		
Meditation	142	Verantwortung	204
		Verbesserung	206
Nachrichten	144	Verdauung	208
Neue Perspektiven	146	Verdienst	210
		Vergebung	212
Operationen	148	Vergleiche	214
Ordnung	150	Verlorenheit	216
		Verlust	218
Planetare Heilung	152	Verständnis	220
Der Planet Erde	154	Vertrauen	222
Problemlösungen	156	Vollkommene Ordnung	224
		Vollkommenheit	226
Rechnungen	158	Vorurteile	228
Reisen	160		
Religion	162	Wahlfreiheit	230
Reparieren	164	Wandel	232
		Weisheit	234
Schmerz	166	Wohlstand	236
Schönheit	168		
Schuldgefühle	170	Zeit	238
Selbstgespräche	172	Zuhause	240
Selbsthilfegruppen	174		
Selbstliebe	176	*Über die Autorin*	243
Sexualität	178		

Einleitung

Dieses Buch enthält eine Fülle von Ideen, die uns zu kreativem Denken ermuntern sollen. Es gibt uns die Möglichkeit, unsere Erfahrungen in einem neuen Licht zu sehen. Wenn wir auf die Welt kommen, ist unser Geist völlig rein und klar und befindet sich in völligem Einklang mit unserer inneren Weisheit. Während wir heranwachsen, übernehmen wir die Ängste und einengenden Vorstellungen der Erwachsenen in unserer Umgebung. Wenn wir dann selbst erwachsen sind, tragen wir eine Menge negativer Überzeugungen mit uns herum, derer wir uns gar nicht bewusst sind. Und wir neigen dazu, unser Leben auf der Basis dieser falschen Glaubenssätze aufzubauen.

Beim Lesen dieses Buches stoßen Sie vielleicht auf Aussagen, mit denen Sie nicht einverstanden sind, weil sie nicht mit von Ihnen gehegten Glaubenssätzen übereinstimmen. Das ist ganz in Ordnung so. Ich nenne das »Staub aufwirbeln«. Sie brauchen nicht alles zu akzeptieren, was ich sage. Aber überprüfen Sie bitte, was Sie glauben und warum Sie es glauben. Auf diese Weise entwickeln und verändern wir uns.

Zu Beginn meines Weges stellte ich viele der metaphysischen Aussagen, die ich hörte, in Frage. Je mehr ich aber meine Glaubenssätze im Licht dieser neuen Ideen überprüfte, desto mehr wurde mir klar, wie sehr viele meiner Überzeugungen zu den unglücklichen Umständen meines Lebens beitrugen. Als ich mich von den alten, negativen Sichtweisen löste, änderte sich auch mein Leben zum Besseren.

Beginnen Sie einfach, indem Sie willkürlich irgendeine Seite dieses Buches aufschlagen. Die Botschaft, die Sie so erhalten, wird für Sie im Moment genau richtig sein. Mag sein, dass sie etwas bestätigt, woran Sie jetzt bereits glauben, oder dass sie einen Ihrer Glaubenssätze in Frage stellt. Das alles ist Teil Ihres Wachstumsprozesses. Sie sind immer sicher und geborgen, und alles ist gut.

Louise L. Hay

Ich mache weisen Gebrauch von meinen Affirmationen.

Affirmationen

Jeder Gedanke, der mir durch den Kopf geht, und jeder Satz, den ich spreche, ist eine Affirmation, die entweder positiver oder negativer Natur ist. Positive Affirmationen erzeugen positive Erfahrungen, und negative Affirmationen erzeugen negative Erfahrungen. Wenn ich ständig negative Aussagen über mich selbst oder über das Leben wiederhole, bringe ich damit ständig neue negative Erfahrungen hervor. Ich erhebe mich jetzt über meine Angewohnheit, die Welt ständig in einem negativen Licht zu sehen. Von nun an spreche ich nur noch über das Gute, das ich in meinem Leben verwirklicht sehen möchte. Dann wird auch nur noch Gutes zu mir kommen.

Am Anfang ist das Wort.

Wie groß die Herausforderung,
vor der ich stehe,
auch immer sein mag,
ich weiß, dass ich geliebt werde.

Aids

Im Umgang mit dieser Krankheit bewegen wir uns auf bislang unerforschten Pfaden. Alle, die damit zu tun haben, geben ihr Bestes im Rahmen des Wissens und Verständnisses, das ihnen gegenwärtig zur Verfügung steht. Ich bin stolz darauf, dass ich mehr vermag, als ich es mir je zugetraut hätte. Wir haben noch keine Krankheit erschaffen, von der nicht wenigstens ein Mensch, irgendwo auf diesem Planeten, geheilt wurde. Es muss einen Weg der Heilung geben. Es kommt nicht darauf an, welche Sprache ich spreche. Die Liebe spricht aus dem Herzen zu uns allen. Täglich bringe ich etwas Zeit damit zu, innerlich ruhig zu werden und zu spüren, wie die Liebe aus meinem Herzen durch meine Arme und Beine und durch jedes Organ meines Körpers strömt. Die Liebe ist eine heilende Kraft. Liebe öffnet alle Türen. Liebe ist eine stets verfügbare Universale Kraft, die uns hilft, mit allen Herausforderungen des Lebens fertig zu werden. Ich öffne mein Herz und lasse die Liebe fließen. Ich spüre, dass ich und die Kraft, die mich erschuf, eins sind.

Auch das wird vorübergehen, und wir werden daran wachsen und daraus lernen!

Ich entscheide mich dafür, in einer Welt der Liebe und Akzeptanz zu leben.

Akzeptanz

Das Leben ist heilig. In meinem Herzen wohnen alle Teile meines Selbst – der Säugling, das Kind, der Teenager, der junge Erwachsene, der reife Erwachsene, mein gegenwärtiges und mein zukünftiges Selbst. Jeder Fehltritt, jeder Irrtum, jeder Schmerz und jede Kränkung werden von mir als Teil meiner Geschichte akzeptiert. Alle Licht- und Schattenseiten meiner Geschichte sind wertvoll auf eine Weise, die mein bewusster Verstand nicht völlig zu begreifen braucht. In diesem Augenblick entscheide ich mich dafür, alle Teile meiner Persönlichkeit zu akzeptieren und zu lieben. Ich empfinde Mitgefühl für mich selbst und ebenso auch für meine Mitmenschen. Ich erschaffe ein Leben voller Akzeptanz und Verständnis.

Ich strahle Akzeptanz aus.

Ich entscheide mich für Gedanken, die das Älterwerden zu einer positiven Erfahrung machen.

Altern

Jedes neue Jahr ist etwas Besonderes und Kostbares, angefüllt mit immer neuen Wundern. Das Alter ist eine ebenso wertvolle Lebensphase wie die Kindheit. Doch in unserer Kultur fürchten wir uns vor dem Alter. So haben wir das Altwerden zu einer schrecklichen Sache gemacht. Dabei ist es ganz normal und natürlich. Wir veranstalten einen Jugendkult, der schädlich für uns alle ist. Ich freue mich darauf, alt zu werden. Die einzige Alternative dazu ist, den Planeten vorher zu verlassen. Ich entscheide mich dafür, mich selbst in jedem Lebensalter zu lieben. Dass ich altere, muss nicht bedeuten, dass ich krank oder gebrechlich werde. Bevor ich den Planeten verlasse, muss ich nicht zwangsläufig an Schläuche angeschlossen sein oder in einem Pflegeheim leiden. Wenn meine Zeit gekommen ist, wird der Abschied sanft sein – vielleicht lege ich mich ins Bett, mache ein Nickerchen und gehe ganz friedlich.

Ich bin immer im besten Alter.

Ich mag mich

Ich bitte meine Mutter, mir auf Tonband zu sprechen, was für ein wunderbarer Mensch ich bin.

Alte Tonbänder

Alte Tonbänder aus meiner Kindheit beherrschten früher mein Leben. Die meisten Menschen haben in ihren Köpfen wie auf Tonband alles aufgezeichnet, was ihre Eltern während der Kindheit zu ihnen sagten, schätzungsweise 25.000 Stunden davon. Diese alten Tonbänder werden immer wieder abgespult. Auf vielen von ihnen befinden sich negative Botschaften – eine Menge Kritik und Ermahnungen. Heute lösche ich diese Tonbänder und zeichne stattdessen neue, positive Botschaften auf. Ich beobachte meine Gedanken, und wenn mir einer auffällt, der mir Unbehagen bereitet, ersetze ich ihn durch sein Gegenteil. Ich lösche die alten Botschaften und setze neue an ihre Stelle. Keinesfalls muss ich mir immer wieder dieses alte Zeug anhören. Ich lösche es und speichere stattdessen: Ich bin ein begabter, fähiger Mensch. Ich verdiene es, geliebt zu werden. Ich verdiene es, ein wundervolles Leben zu haben. Es hat einen Sinn, dass es mich gibt. Ich habe die Macht, die alten Tonbänder zu verändern. Diese alten, negativen Botschaften entsprechen nicht der Wahrheit meines Seins.

Ich lebe im Jetzt.

Überall in diesem Universum fühle ich mich sicher.

Angst

An jedem Augenblick kann ich wählen zwischen Liebe und Angst. In Momenten der Angst denke ich an die Sonne. Sie scheint ständig, auch wenn Wolken sie vorübergehend verdecken. So wie die Sonne lässt auch die Eine Unendliche Macht stets ihr Licht auf mich scheinen, auch wenn Wolken negativen Denkens sich vorübergehend zwischen mich und dieses Licht schieben. Ich erinnere mich daher bewusst an das Licht. In diesem Licht fühle ich mich sicher. Und wenn sich Ängste bemerkbar machen, betrachte ich sie wie vorübergleitende Wolken am Himmel und lasse sie ziehen. Ich bin nicht meine Ängste. Ich kann gefahrlos leben, ohne mich ständig vorsehen oder verteidigen zu müssen. Ich weiß, dass es sehr wichtig ist, wie es in meinem Herzen aussieht. Daher beginne ich jeden Tag damit, schweigend Verbindung zu meinem Herzen aufzunehmen. Wenn ich mich fürchte, öffne ich mein Herz, damit die Liebe die Angst auflöst.

Ich bin stets behütet und geborgen.

Arbeit

In dem Maße, wie ich für mein Höheres Selbst arbeite, arbeitet mein Höheres Selbst für mich. Was für eine wunderschöne, brillante, feinstrukturierte und zugleich starke Energieform mein innerer Geist doch ist! Er beschenkt mich mit erfüllender Arbeit. Jeder Tag ist neu und anders. Wenn ich nicht länger verzweifelt ums Überleben kämpfe, merke ich, dass ich Nahrung, Kleidung und Unterkunft erhalten kann, indem ich mir auf eine Weise meinen Lebensunterhalt verdiene, die zutiefst erfüllend und befriedigend ist. Es ist für mich selbst und für andere okay, Geld zu haben, ohne hart dafür zu arbeiten. Ich bin es wert, dass ich genug Geld verdiene, ohne mich dafür kaputtzuschuften oder von Termin zu Termin zu hetzen. Bei allem, was ich tue, folge ich meinem höheren Instinkt und höre auf mein Herz.

Ich lasse positive Gedanken für mich arbeiten.

In meiner Welt
besitze ich volle Autorität.

Autorität

Kein Mensch, Ort oder Ding hat irgendeine Macht über mich, denn ich bin in meinem Geist der einzige Denker. Als Kind hielt ich Autoritätspersonen für Götter. Jetzt lerne ich, meine Macht selbst zu beanspruchen und meine eigene Autoritätsperson zu werden. Ich akzeptiere jetzt, dass ich eine starke, verantwortungsbewusste Persönlichkeit bin. Durch tägliche Meditation am Morgen stelle ich Kontakt zu meiner inneren Weisheit her. Wenn wir uns bewusst machen, dass wir alle zugleich Schüler und Lehrer sind, ist die Schule des Lebens sehr befriedigend und erfüllend. Jeder von uns hat etwas gelernt und kann andere etwas lehren. Während ich auf meine Gedanken lausche, bringe ich meinen Geist sanft dazu, auf meine Innere Weisheit zu vertrauen. Ich wachse und gedeihe und vertraue alle meine weltlichen Angelegenheiten meiner Göttlichen Quelle an. Alles ist gut.

Ich bin der Schöpfer meines Lebens.

*H*eute akzeptiere ich mich völlig uneingeschränkt vierundzwanzig Stunden lang.

Bedingungslose Liebe

Wenn ich mich selbst genau so akzeptiere, wie ich hier und jetzt bin, mit all meinen sogenannten Fehlern und peinlichen Schwächen, fällt es mir viel leichter, andere Menschen ebenso zu akzeptieren. Wenn ich die Liebe zu mir selbst oder anderen an Bedingungen knüpfe, ist meine Liebe nicht frei. »Ich liebe dich, wenn …« ist keine Liebe; es ist Kontrolle. Ich muss also lernen, auf Kontrollwünsche gegenüber anderen zu verzichten, und es ihnen gestatten, einfach so zu sein, wie sie nun einmal sind. Wir alle befinden uns auf dem Weg. Wir müssen erst noch lernen, innerlich friedvoll zu werden. Doch entsprechend dem Wissen und der Einsicht, über die wir gegenwärtig verfügen, geben wir unser Bestes. Je mehr von uns ihr Bewusstsein dafür öffnen, auf der Ebene der bedingungslosen Liebe zu arbeiten, desto mehr von der spirituellen Kraft, die auf dieser Ebene verfügbar ist, werden wir nutzen können. Ich sehe, wie eine Wolke des Wohlwollens unseren Planeten einhüllt und uns hilft, von der Angst zur Liebe zu gelangen.

Je mehr Liebe ich gebe, desto mehr Liebe empfange ich.

Ich bin hier,
um ein sinnvolles Leben
zu führen.

Bestimmung

In der heutigen Zeit zu leben ist eine unglaubliche Chance, sich selbst und das Universum zu erforschen. In gewisser Weise ist das Selbst heute die neue »Frontier«, die es zu erkunden gilt. Mein begrenztes Selbst kenne ich ziemlich gut, und nun lerne ich mein unbegrenztes Selbst kennen. Meine Bestimmung ist es, mich in jedem Augenblick neu zu entfalten, während ich gelassen in meiner Mitte ruhe, in dem Wissen, dass ich mehr bin als meine Persönlichkeit, meine Probleme, Ängste oder Krankheiten. Ich bin Geist, Licht, Energie und Liebe, und ich besitze die Macht, meiner Bestimmung zu folgen und ein sinnerfülltes Leben zu führen. Ich gebe mein Bestes und entdecke immer neue Möglichkeiten, meine Lebensqualität zu steigern. Ich bin sehr dankbar, hier zu sein.

*Meine Bestimmung ist es,
dass ich lerne,
bedingungslos zu lieben.*

Was ich in meiner Welt wahrnehme, ist eine Spiegelung meiner Bewusstseinsinhalte.

Bewusstsein

Ich bin reines Bewusstsein. Ich kann dieses Bewusstsein auf jede gewünschte Weise nutzen. Ich kann mich dafür entscheiden, mich auf den Bereich des Mangels und der Begrenztheit zu konzentrieren, doch ich kann mich ebenso gut dafür entscheiden, mich auf den Bereich des Unendlichen Einsseins, der Harmonie und Ganzheit zu konzentrieren. Es gibt nur ein Unendliches Bewusstsein, das man negativ oder positiv betrachten kann. Ich bin jederzeit verbunden mit allem Lebendigen, und es steht mir frei, Liebe, Harmonie, Schönheit, Stärke, Freude und so vieles mehr zu erfahren. Ich bin Bewusstsein. Ich bin Energie. Ich bin behütet und geborgen. Ich lerne ständig, und mein Bewusstsein wächst und wandelt sich und verändert meine Erfahrungen. Alles ist gut.

*Wie viel Kraft ich habe,
hängt davon ab,
wie ich meinen Geist
nutze.*

Beziehungen

Beziehungen sind wunderbar, und die Ehe ist wunderbar, doch das alles dauert nicht ewig. Die einzige Person, von der ich niemals getrennt werde, bin ich selbst. Meine Beziehung zu mir selbst währt ewig. Deshalb entscheide ich mich, mein eigener bester Freund zu sein. Ich spüre, wie meine Liebe meinen Körper durchströmt. Ich spüre, wie jede Zelle meines Körpers förmlich von Liebe durchtränkt wird und blühende Gesundheit in meinen Körper einkehrt. Ich weiß, dass ich stets mit einem Universum verbunden bin, das mich liebt. Ich ziehe liebende Menschen und liebevolle Erfahrungen in mein Leben. Ich trete in liebevolle Beziehung zu allem, was lebt.

Ich lasse in meinem Leben viel Raum für die Liebe.

Durch Liebe verändere ich mein Denken.

meine neuen Glaubenssätze...

Das Denken verändern

Ich bin Licht. Ich bin Geist. Ich bin ein wunderbares, vielfältig begabtes Geschöpf. Es ist an der Zeit, mir bewusst zu werden, dass ich selbst meine Realität erschaffe. Durch mein Denken erschaffe ich meine Realität. Wenn ich meine Realität verändern möchte, muss ich mein Denken verändern. Das geschieht, indem ich auf eine neue, positive Weise denke und spreche. Ich habe schon vor langer Zeit gelernt, dass sich durch eine Veränderung meines Denkens mein Leben völlig veränderte. Anders zu denken bedeutet, sich von einengenden Überzeugungen zu befreien. Dadurch werde ich mir der Unendlichkeit des Lebens ringsum bewusst. Ich beginne zu verstehen, dass ich bereits jetzt heil und vollkommen bin. Mein Leben wird leichter von Tag zu Tag!

Wenn ich mein Denken verändere, ändert sich auch mein Leben.

In meinen sich stetig verbessernden finanziellen Verhältnissen spiegeln sich meine veränderten Glaubenssätze bezüglich meines Einkommens wider.

Einkommen

Mein Einkommen ist genau richtig für mich. Jeden Tag liebe ich mich selbst ein bisschen mehr, und dadurch tun sich mir immer neue Möglichkeiten zur Mehrung meines Einkommens auf. Wohlstand kommt auf vielen Wegen und in vielen Formen zu mir. Er ist unbegrenzt. Manche Menschen begrenzen ihr Einkommen, indem sie sagen, sie bräuchten nur eine bestimmte Summe zum Leben. Aber wer bestimmt, wo diese Grenze liegt? Manche Menschen glauben, sie dürften nicht mehr verdienen als ihr Vater und kein besseres Leben als ihre Eltern führen. Nun, ich kann meine Eltern lieben und trotzdem ein höheres Einkommen haben als sie. Es gibt nur ein Unendliches Universum, das die Quelle all unserer Einkünfte ist. Das Einkommen, das ich gegenwärtig erziele, spiegelt meine Überzeugungen und meine Bereitschaft, Gutes anzunehmen, wider. Es geht dabei nicht darum, etwas zu beanspruchen. Es geht vielmehr darum, sich für die Fülle zu öffnen und Gutes zu akzeptieren. Ich akzeptiere, dass in meinem Leben der Wohlstand auf gesunde Weise fließt.

Ich segne mein Einkommen liebevoll und schaue ihm beim Wachsen zu.

Einzigartigkeit kennt keine Konkurrenz und keine Vergleiche.

Einzigartigkeit

Im Geist sind wir alle eins. Und doch unterscheiden sich unsere Gesichter und Körper deutlich, und Gleiches gilt auch für unsere Persönlichkeit. Wir sind einzigartige und von allen anderen verschiedene Ausdrucksform des Einen Lebens. Einen Menschen wie mich hat es nie zuvor gegeben und wird es auch später nie wieder geben. Ich freue mich an meiner Einzigartigkeit. Ich bin weder zu groß noch zu klein, und ich brauche mich vor niemandem zu beweisen. Ich entscheide mich dafür, mich zu achten und zu lieben, weil ich ein göttlicher, wunderbarer Ausdruck des Lebens selbst bin. Ich selbst zu sein ist ein aufregendes Abenteuer! Ich folge meinem inneren Stern und funkle und strahle auf meine einzigartige Weise. Ich liebe das Leben, und ich liebe mich!

Ich bin einzigartig, so, wie jeder Mensch einzigartig ist.

Meine Eltern sind wunderbare Menschen.

Eltern

Es ist jetzt für mich an der Zeit, auf meinen eigenen Beinen zu stehen, für mich selbst zu sorgen und selbständig zu denken; mir selbst das zu geben, was meine Eltern mir nicht geben konnten. Je mehr ich über ihre Kindheit herausfinde, desto besser verstehe ich ihre Grenzen und Schwächen. Niemand brachte ihnen bei, wie man Kinder richtig erzieht. Sie lebten innerhalb von Begrenzungen, die sie von ihren eigenen Eltern übernahmen. Probleme mit den Eltern sind für uns alle etwas Alltägliches. Am besten ist es, wenn wir unsere Eltern so lieben, wie sie sind, und immer wieder bekräftigen, dass sie uns ebenso lieben. Ich benutze meine Eltern nicht als Entschuldigung für das Negative in meinem Leben. Ich segne meine Eltern voller Liebe. Wir alle sind frei, unseren eigenen Weg zum Glück zu suchen.

Auch meine Eltern waren einmal Kinder.

Mich selbst zu lieben schenkt mir die zusätzliche Energie, die ich brauche, um mit Problemen besser fertig zu werden.

Energie

Ich befreie meine Energie, indem ich Dinge tue, die mir Freude machen. Wenn ich die Energie der Liebe in meinem Leben bewusst wahrnehme, kann ich mich von altem Groll befreien, der auf mir lastet. Wenn ich mich erschöpft fühle, ruhe ich mich aus. Ich gönne mir sogar immer wieder einmal Zeiten des Nichtstuns. Meine Energie ist heute strahlend und friedvoll. Lachen, Singen und Tanzen sind für mich normale, spontane Formen des Selbstausdrucks. Ich weiß, ich bin Teil des Göttlichen Planes. Ich schaffe in mir Raum für liebevolle, optimistische und fröhliche Denk- und Verhaltensmuster, die dann beständig keimen, Wurzeln schlagen und wachsen können. Ich nähre sie durch meine positive Grundeinstellung.

*Ich bin von positiver
Energie erfüllt.*

Ich entscheide mich dafür,

mein gegenwärtiges beschränktes

menschliches Denken

zu überwinden.

Ja, das kann ich!

Entscheidungen

Ich entscheide mich dafür, gesundes, nahrhaftes Essen zu mir zu nehmen, das körperliches Wohlbefinden hervorruft. Ich entscheide mich dafür, positive Gedanken zu denken, die seelisches Wohlbefinden erzeugen. So schaffe ich mir ein gesundes körperliches und geistiges Fundament. Ein einzelner nachlässiger Gedanke bedeutet noch nicht viel, aber Gedanken, die ich immer wieder denke, sind wie Wassertropfen: Erst ist da nur eine Pfütze, dann ein Tümpel, dann ein See, dann ein ganzer Ozean. Sich ständig wiederholende Gedanken der Kritik, des Mangels und der Begrenzung ertränken mein Bewusstsein in einem Meer aus Negativität. Stetige Gedanken der Wahrheit, des Friedens und der Liebe hingegen inspirieren mich, sodass ich mühelos obenauf schwimme auf dem Ozean des Lebens. Gedanken, durch die ich mich mit der Einheit allen Lebens verbinde, helfen mir dabei, gute Entscheidungen zu treffen und sie konsequent in die Tat umzusetzen.

Ich bin ein entscheidungsfreudiger Mensch.

Ich treffe neue Entscheidungen, die hilfreicher und gesünder für mich sind.

Entscheidungsfreiheit

Kein Mensch, Ort oder Ding hat Macht über mich, solange ich ihm diese Macht nicht gebe, denn ich bin in meinem Geist der einzige Denker. Darin, dass ich meine Gedanken selbst wählen kann, liegt eine immense Freiheit. Ich kann mich dafür entscheiden, das Leben in einem positiven Licht zu sehen, statt auf mich selbst oder andere Menschen zu schimpfen. Darüber zu klagen, was ich nicht habe, ist ein Weg, mit einer Situation umzugehen, doch dadurch ändert sich nichts. Wenn ich mich selbst liebe und in eine negative Situation gerate, kann ich zum Beispiel sagen: »Ich bin jetzt bereit, mich von jenen Denkmustern zu lösen, die zum Entstehen dieser Situation beitrugen.« Ich habe in der Vergangenheit negative Entscheidungen getroffen. Doch das bedeutet nicht, dass ich ein schlechter Mensch bin oder dass ich an diese negativen Entscheidungen gebunden bin. Ich kann mich jederzeit dafür entscheiden, meine alten Irrtümer und Vorurteile hinter mir zu lassen.

Ich besitze immer die Freiheit, meine Gedanken selbst zu wählen.

Um Erfolg zu haben, muss ich daran glauben, ein erfolgreicher Mensch zu sein.

Erfolg

Der Erfolg ist bereits in mir, so, wie in einer Eichel der komplette Eichbaum enthalten ist. Mit kleinen Schritten, die meinen gegenwärtigen Möglichkeiten entsprechen, gehe ich stetig voran und träume große Träume. Ich mache mir Mut und beglückwünsche mich zu meinen Fortschritten. Ich lerne aus allen meinen Erfahrungen und es ist völlig okay, dass ich dabei Fehler mache. Auf diese Weise schreite ich von Erfolg zu Erfolg, und jeden Tag fällt es mir leichter, die Dinge in diesem Licht zu sehen. Ich bin mir bewusst, dass Misserfolge wertvolle Lernerfahrung darstellen, aber keinerlei Macht über mich haben. Im gesamten Universum gibt es nur eine Macht, und diese Macht ist bei allem, was sie tut, hundertprozentig erfolgreich. Sie hat mich erschaffen; deshalb bin ich bereits jetzt ein schöner, erfolgreicher Mensch.

In mir finde ich alle Gaben und Fähigkeiten, die ich brauche, um erfolgreich zu sein.

Ich bin offen für alles Gute im Universum.

Erleuchtung

Jeden Morgen erwache ich in der Liebe. Ich liebe es, meinen Geist auszudehnen und so zu tun, als ob ich hier und jetzt bereits heil und vollkommen wäre. Mein Herz ist offen und aufnahmebereit für alles Gute. Ich bemühe mich nicht länger krampfhaft um die Befriedigung meiner Wünsche, weil ich weiß, dass alles, was ich brauche, stets zur rechten Zeit und am rechten Ort zu mir kommt. Mein Wissen, dass das Universum immer auf meiner Seite ist, erfüllt mich mit tiefem Frieden. Ich verbinde mein Bewusstsein mit meinem Höheren Selbst und gehe in heiterer Gelassenheit durchs Leben.

Die Erleuchtung ist mein täglicher 24-Stunden-Job.

Ich kümmere mich von jetzt an liebevoll um meinen Körper.

Ernährung

Ich achte darauf, dass ich stets mit dem Besten versorgt werde, was das Leben zu bieten hat. Ich informiere mich über gesunde Ernährung, weil ich ein kostbares Geschöpf bin und weil ich auf bestmögliche Weise für mich selbst sorgen möchte. Mein Körper ist einmalig und unterscheidet sich von allen anderen Körpern; daher lerne ich, meinem Körper diejenigen Substanzen zuzuführen, die er am besten verarbeiten kann. Ich bringe so viel wie möglich über gesundes Essen und Trinken in Erfahrung. Ich beobachte aufmerksam, welche Speisen und Getränke mir nicht gut bekommen. Wenn ich etwas esse und eine Stunde später schläfrig werde, dann war das betreffende Nahrungsmittel zu diesem Zeitpunkt nicht gut für meinen Körper. Ich wähle bewusst Nahrungsmittel aus, die meine Zellen erneuern und mir Energie liefern. Dankbar und liebevoll segne ich meine Speisen. Ich werde genährt und versorgt. Ich fühle mich gesund, glücklich und energiegeladen.

Ich ernähre mich körperlich und geistig auf gute, gesunde Weise.

Bedingungslose Liebe

ist Liebe,

die frei von

Erwartungen ist.

Erwartungen

Ich liebe mich jetzt in diesem Augenblick genau so, wie ich gerade bin. Dabei fühle ich, wie mein Bauch sich entspannt und die Muskeln in meinem Nacken und Rücken sich ebenfalls lockern. Früher sträubte ich mich dagegen, mich selbst zu lieben und zu akzeptieren, weil ich glaubte, ich müsse erst schlanker werden oder einen neuen Job bekommen, einen Partner, mehr Geld oder was auch immer. Doch wenn ich dann tatsächlich schlank wurde oder mehr Geld hatte, liebte ich mich trotzdem nicht. Also stellte ich wieder neue Forderungen an mich. Heute werfe ich diese Liste der Erwartungen einfach weg! Dieser gegenwärtige Augenblick ist unglaublich machtvoll. Ich genieße jetzt das Gefühl, einfach nur ich selbst zu sein.

*Ich kann einfach sein,
was ich bin.*

Das Essen ist

ein guter Freund.

Ich danke dafür,

dass es

mich nährt.

Essen

Gut und gesund zu essen ist eine große Freude, sei es zu Hause, im Restaurant, auf Reisen oder auf der Arbeit während der Mittagspause. Ich liebe mich; daher achte ich darauf, was ich esse und wie es mir bekommt. Essen dient dazu, meinen Körper mit Energie zu versorgen. Jeder Körper ist anders. Daher finde ich heraus, was mein Körper benötigt, um gesund und energiegeladen zu sein. Fast Food zu essen kann mitunter eine nette Abwechslung sein, doch leider halten es viele Menschen für normal, nur von Cola, Kuchen und künstlich veränderten Nahrungsmitteln zu leben, die kaum Nährstoffe enthalten. Zu lernen, wie man sich gesund ernährt, macht Spaß und steigert das Wohlbefinden. Ich genieße es, köstliche, gesunde, natürliche Speisen zuzubereiten und zu essen.

Ich fühle mich glücklich und voller Energie, wenn ich gut esse.

Ich habe mir für dieses Leben genau die richtige Familie ausgesucht.

Familie

Ich umgebe meine gesamte Familie mit einem Kreis aus Liebe – jene, die leben, und jene, die gestorben sind. Ich bejahe für uns alle wundervolle, harmonische, sinnerfüllte Erfahrungen. Es ist ein großer Segen, Teil jenes zeitlosen Gewebes aus bedingungsloser Liebe zu sein, das uns alle verbindet. Meine Vorfahren gaben ihr Bestes, entsprechend dem Wissen und den Einsichten, die ihnen zur Verfügung standen, und die noch ungeborenen Kinder werden sich neuen Herausforderungen gegenübersehen und bei deren Meisterung gleichfalls ihr Bestes geben. Von Tag zu Tag sehe ich meine Aufgabe deutlicher, die ganz einfach darin besteht, mich aus alten familiären Begrenzungen zu lösen und zur Göttlichen Harmonie zu erwachen. Familientreffen sind für mich Gelegenheiten, Toleranz und Mitgefühl zu praktizieren.

Alle lebendigen Wesen sind Teil meiner Familie.

Feiertage und

Ferien

sind für mich

glückliche Zeiten.

Feier- und Ferientage

Feier- und Ferientage sind Gelegenheiten, um mit Freunden zu feiern und über den Lauf des Lebens nachzudenken. An jedem Feiertag folge ich meiner inneren Stimme, sodass ich immer weiß, dass ich zur rechten Zeit am rechten Ort das für mich Richtige tue. Parties und Feste sind eine Freude für mich. Ich weiß, wie ich mich auf einem Fest amüsieren kann, ohne dabei leichtsinnig oder verantwortungslos zu sein. Es gibt Zeiten unbeschwerter Fröhlichkeit und Zeiten des Dankes für die vielen Segnungen, die mir zuteil werden. Ich nehme Verbindung zu meinem inneren Kind auf, und wir unternehmen etwas gemeinsam, nur wir beide. Wenn ich im Urlaub Reiseandenken kaufe, fällt es mir leicht, etwas Schönes zu für mich erschwinglichen Preisen zu finden. Jeder freut sich über die Geschenke, die ich mitbringe.

Jeder Tag ist ein Feiertag.

Ich bin finanziell stets gut versorgt.

Finanzen

Ich lasse zu, dass mein Einkommen stetig wächst, ganz gleich, was in den Zeitungen steht oder was die Wirtschaftsexperten behaupten. Ich verdiene mehr und mehr Geld und es geht mir besser als in den Wirtschaftsprognosen vorhergesagt. Ich kümmere mich nicht darum, was nach Meinung anderer Leute möglich ist und was nicht. Mit Leichtigkeit erziele ich ein höheres Einkommen als meine Eltern. Mein Gespür für finanzielle Dinge wird besser und besser, und ich bin immer offen für neue Ideen – neue Wege, intensiver, wohlhabender und schöner zu leben. Ich bin überreich mit Talenten und Fähigkeiten gesegnet, und es ist schön und befriedigend, die Welt an ihnen teilhaben zu lassen. Ich löse mich von dem Gefühl, kein Glück zu verdienen, und bin offen für ein mir bisher unbekanntes Maß an finanzieller Sicherheit.

Finanzielle Sicherheit ist fester Bestandteil meines Lebens.

Ich entscheide mich bewusst für ein Leben in heiterer, friedvoller Gelassenheit.

Frieden

Wenn ich in einer friedlichen Welt leben möchte, dann kommt es vor allem darauf an, dass ich selbst friedfertig bin. Wie immer sich andere Menschen verhalten mögen, ich bewahre Frieden in meinem Herzen. Inmitten von Chaos oder Wahnsinn verkünde ich den Frieden. Ich umgebe alle schwierigen Situationen mit Frieden und Liebe. Ich sende friedvolle Gedanken in alle Krisenregionen der Welt. Wenn ich möchte, dass die Welt sich zum Besseren verändert, muss ich meine Sicht der Welt verändern. Ich bin jetzt bereit, das Leben in einem sehr positiven Licht zu sehen. Ich weiß, dass der Frieden mit meinen eigenen Gedanken beginnt. Wenn ich friedvolle Gedanken wähle, verbindet mich das mit gleichgesinnten, friedlich denkenden Menschen. Gemeinsam werden wir dabei mithelfen, Frieden und liebevolle Güte in unsere Welt zu bringen.

Frieden beginnt bei mir selbst.

Ich sorge so gut wie möglich für mich.

Fürsorge

Mein Körper ist ein Wunder. Die Körper der Menschen, für die ich sorge, sind ebenfalls Wunder. Unsere Körper wissen, wie sie mit Notsituationen umzugehen haben, und sie wissen, wie sie sich erholen und neue Kraft schöpfen können. Wir alle lernen, auf unsere Körper zu hören und ihre Bedürfnisse zu erfüllen. Manchmal kann die Sorge für andere Menschen unsere Kräfte übersteigen. Wir erkennen, dass wir uns zu viel aufgebürdet haben. Ich lerne jetzt, in solchen Situationen um Hilfe zu bitten. Ob ich für andere sorge oder selbst von anderen versorgt werden muss, immer ist es besonders wichtig, dass ich mich selbst liebe. Wenn ich mich selbst so, wie ich bin, liebe und akzeptiere, ist das, als würde ich einen Gang zurückschalten. Nun kann ich mich entspannen, und tief im Herzen fühle ich, dass alles gut ist.

Ich bin ein strahlendes Licht.

Geben und Empfangen

Dankbarkeit und die Bereitschaft, Geschenke anzunehmen, sind kraftvolle Magneten, die tagtäglich Wunder in mein Leben ziehen. Wenn jemand mir ein Kompliment macht, lächle ich und sage danke. Komplimente sind ein Ausdruck von Freigebigkeit. Ich habe gelernt, sie dankbar anzunehmen. Der heutige Tag ist ein heiliges Geschenk des Lebens an mich. Ich öffne meine Arme weit, um die ganze Fülle dessen zu empfangen, was das Universum mir heute zu bieten hat. Zu jeder Tages- oder Nachtzeit kann ich diese Fülle in mein Leben lassen. Ich weiß, dass es im Leben Zeiten gibt, wo das Universum mir etwas schenkt, ohne dass ich in der Lage bin, mich dafür zu revanchieren. Es gibt viele Menschen, die mir sehr halfen, ohne dass ich je in der Lage gewesen wäre, mich ihnen dafür erkenntlich zu zeigen. Doch dafür konnte ich dann später anderen Menschen ebenso helfen. So ist der Lauf des Lebens. Ich entspanne mich und freue mich an der Fülle im Hier und Jetzt.

Ich schenke gern und lasse mich gern beschenken.

Gedanken weben

meinen

Lebensteppich.

Gedanken

Früher hatte ich Angst vor meinen Gedanken, weil sie mir Unbehagen verursachten. Ich glaubte, ich hätte keine Kontrolle über sie. Und dann lernte ich, dass mein Denken meine Erfahrungen hervorbringt und dass ich meine Gedanken bewusst wählen kann. Als ich lernte, die Kontrolle über meine Gedanken zu übernehmen und sie sanft in die von mir gewünschte Richtung zu lenken, änderte sich mein Leben zum Besseren. Jetzt weiß ich, dass ich der Denker bin, der die Gedanken auswählt. Die Gedanken, die zu denken ich mich entscheide, gestalten mein Leben. Wenn jetzt ein negativer Gedanke auftaucht, lasse ich ihn einfach vorbeiziehen wie eine Wolke an einem Sommertag. Ich entscheide mich bewusst dafür, Gedanken an Groll, Scham und Schuld aufzugeben. Stattdessen entscheide ich mich für Gedanken der Liebe, des Friedens und der Freude und Gedanken daran, wie ich bei der Heilung des Planeten mithelfen kann. Meine Gedanken sind meine Freunde geworden, und es macht mir Freude, angenehme Gedanken auszuwählen.

Meine Gedanken sind meine besten Freunde.

Alles ist gut.
Was ich im Leben brauche,
kommt stets im rechten
Augenblick
zu mir.

Geduld

Wenn ich ungeduldig bin, dann liegt das daran, dass ich mir nicht die Zeit nehme, die Lektion zu lernen, die gerade ansteht. Ich will, dass alles immer gleich geschieht. Oder, wie mal jemand gesagt hat: »Sofort ist nicht schnell genug.« Doch es gibt immer etwas zu lernen, etwas zu verstehen. Geduld bedeutet, im Frieden mit dem Lauf des Lebens zu sein und zu wissen, dass alles immer zur rechten Zeit und am rechten Ort geschieht. Wenn sich meine Wünsche jetzt nicht erfüllen, gibt es für mich erst noch etwas zu lernen oder zu tun. Ungeduld beschleunigt die Entwicklung nicht; es wird dadurch nur Zeit vergeudet. Also atme ich tief durch, wende mich nach innen und sage: »Welches Wissen benötige ich jetzt?« Dann warte ich geduldig auf die Hilfe, die immer für mich bereitsteht.

Ich habe viel Zeit.

Ich erzeuge
meine Gefühle
durch die Gedanken,
die ich wähle.
Ich bin in der Lage,
andere Entscheidungen
zu treffen
und andere Erfahrungen
zu erschaffen.

Gefühle

Was ich fühlen kann, kann ich auch heilen. Deshalb gestatte ich es mir, meine Gefühle zu fühlen. Viele Menschen bewerten ihre Gefühle positiv oder negativ. Sie glauben, sie »sollten« nicht wütend sein, sind es aber. Sie suchen nach einem Weg, mit ihren Gefühlen klarzukommen. Es gibt viele ungefährliche Wege, Gefühle auszudrücken. Ich kann auf ein Kissen einschlagen, im Auto schreien, laufen, Tennis spielen. Ich kann vor dem Spiegel ein lautstarkes Gespräch mit den Menschen führen, auf die ich wütend bin oder die mir Angst machen. Dabei stelle ich mir lebhaft vor, dass die betreffende Person vor mir steht. Ich schaue in den Spiegel und sage ihr, wie ich mich fühle. Ich spreche alles aus und sagen zum Abschluss etwas wie: »Okay. Das war's. Ich lasse dich jetzt los. Welcher meiner Glaubenssätze hat diesen Konflikt zwischen uns provoziert? Wie muss ich meine Überzeugungen verändern, damit ich nicht ständig wütend reagiere?« Wir leben in einer ungeheuer aufregenden Zeit. Wir sollten daher geduldig und sanft mit uns sein, während wir unsere Lektionen lernen und durchs Leben gehen.

Gefühle sind Gedanken, die sich durch meinen Körper bewegen.

Ich entwickle jetzt ein echtes Wohlstandsbewusstsein.

Geld

Geld ist lediglich ein Austauschmedium. Es ist eine Form, zu geben und zu empfangen. Wenn ich dem Leben gegenüber freigebig bin, schenkt das Leben mir Fülle in vielfältigen Formen. Eine dieser Formen ist das Geld. Ich bejahe, dass ich stets finanziell abgesichert bin. Das Geld ist mein Freund, und ich ziehe es mit Leichtigkeit in mein Leben. Ich verbanne Gedanken des Mangels und der Schuld und andere Formen des Mangeldenkens aus meinem Bewusstsein. Ich habe immer genug Geld. Ich bezahle meine Rechnungen mit Liebe, in dem Wissen, dass mein Einkommen stetig wächst. Ich liebe das Geld, und das Geld liebt mich.

Ich ziehe das Geld magnetisch an.

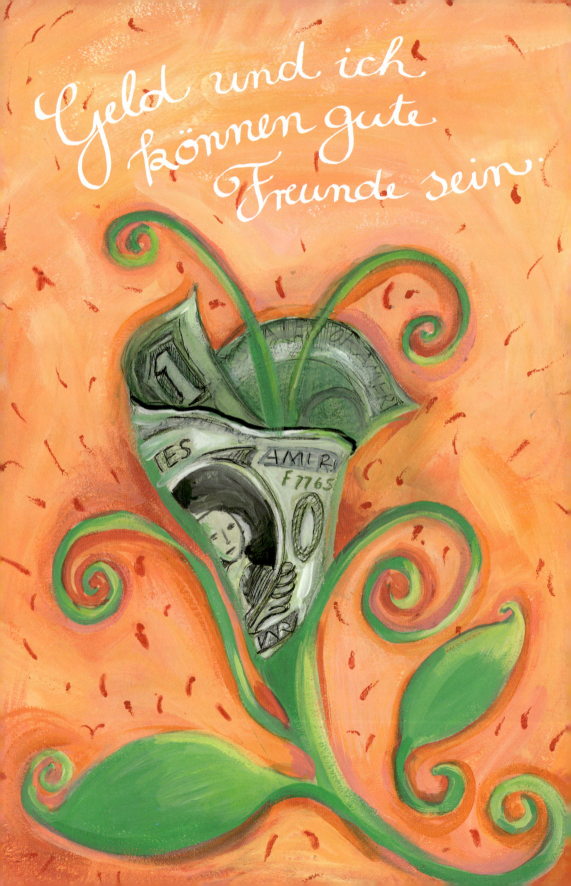

Geldsorgen

*D*iese Aussage macht uns in der Regel wütend. Besonders wenn wir gerade Geldsorgen haben. Unsere das Geld betreffenden Überzeugungen sind so tief verwurzelt, dass es schwierig ist, über sie zu sprechen, ohne heftige Emotionen hervorzurufen. Es ist viel einfacher, ein Seminar zum Thema Sex zu leiten als eines zum Thema Geld. Wir werden sehr wütend, wenn man unsere Glaubenssätze bezüglich des Geldes in Frage stellt. Ich werde mir jetzt bewusst, wie ich wirklich über Geld denke. Ich werde mir bewusst, welche Glaubenssätze den Geldfluss in meinem Leben blockieren. Diese Überzeugungen ändere ich nun. Statt immer wieder zu denken: »Ich werde Hunger leiden müssen«, kann ich anfangen, mich selbst zu lieben, mit neuen Gedanken wie: »Das Universum ist ein sicherer Ort für mich. Alles, was ich brauche, ist immer verfügbar. Ich gestatte es mir jetzt, genug Geld zu verdienen.«

In finanziellen Dingen lässt sich die Wirksamkeit schöpferischen Denkens besonders leicht demonstrieren.

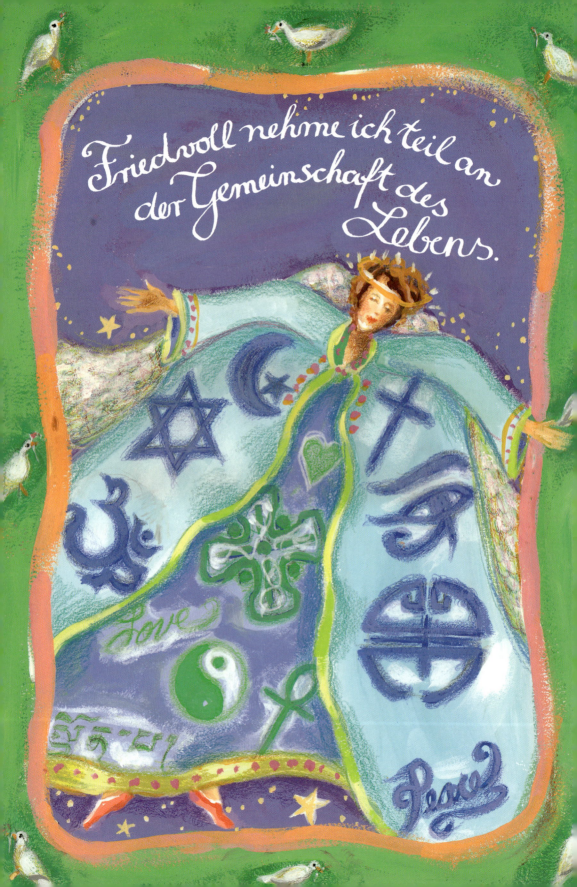

Gemeinschaft

Die Gemeinschaft der menschlichen Wesen auf dem Planeten Erde öffnet sich gegenwärtig auf eine nie gekannte Weise. Neue Ebenen der Spiritualität verbinden uns. Auf der seelischen Ebene lernen wir, dass wir alle eins sind. Es gibt einen Grund dafür, dass ich mich zu einer Inkarnation in dieser Zeit entschlossen habe. Ich glaube, dass wir uns auf einer tiefen Ebene alle dafür entschieden haben, bei der Heilung des Planeten mitzuwirken. Ich bin mir bewusst, dass jeder Gedanke, den ich denke, von mir ausstrahlt und eine Verbindung zu gleichgesinnten Menschen herstellt, die Ähnliches denken. Ich kann nicht zu neuen Ebenen des Bewusstseins gelangen, solange ich mich an alten Überzeugungen, Vorurteilen, Schuldgefühlen und Ängsten festklammere. Wenn ich bedingungslos liebe und mich selbst und andere achte und respektiere, kann die Heilung des ganzen Planeten beginnen.

Ich öffne mein Herz für alle Lebewesen dieses Planeten.

Ich segne
den finanziellen Erfolg
anderer Menschen,
und ich weiß,
dass genug für alle da ist.

Genug für alle

Wie wohlhabend ich bin, hängt von meinem Bewusstseinszustand ab. Die Unendliche Intelligenz sagt immer Ja zu mir, und ich sage Ja zu allem Guten. Reverend Ike, der bekannte New Yorker Evangelist, erzählt, wie er als armer Prediger an guten Restaurants, schönen Häusern und schicken Autos vorbeiging und dabei ständig laut sagte: »Das ist alles für mich, das ist alles für mich.« Ich bin immer hocherfreut, wenn mir Fülle begegnet, und ich schaffe geistig Raum, damit sie in mein Leben strömen kann. Dankbar zu sein für das, was ich habe, trägt dazu bei, dass es weiter zunimmt. Das gilt auch für Talente, Fähigkeiten und meinen Gesundheitszustand. Überall nehme ich Reichtum wahr und freue mich daran!

Im Wohlstand der anderen spiegelt sich mein eigener Reichtum.

Im Vertrauen,

dass die Göttliche Intelligenz

über meine geschäftlichen

Angelegenheiten wacht,

schreite ich

von Erfolg

zu Erfolg.

Geschäft

Ich vertraue darauf, dass die Göttliche Intelligenz meine Geschäfte lenkt. Ob ich ein eigenes Geschäft besitze oder nicht, immer bin ich Instrument dieser Göttlichen Intelligenz. Es gibt nur Eine Intelligenz, und diese Intelligenz hat in der Geschichte unseres Sonnensystems eine beeindruckende Erfolgsbilanz vorzuweisen. Seit Millionen Jahren lenkt sie die Planeten sicher auf geordneten und harmonischen Bahnen. Ich akzeptiere diese Intelligenz bereitwillig als meinen Geschäftspartner. Es gelingt mir mühelos, in Zusammenarbeit mit dieser Machtvollen Intelligenz meine Energien in die richtigen Bahnen zu lenken. Diese Intelligenz schenkt mir alle Antworten, alle neuen Ideen und Einfälle, die meinen Beruf oder mein Geschäft segens- und erfolgreich machen.

*Mein Geschäft ist es,
Dinge zu tun,
die ich liebe.*

Ich habe meine eigene, liebevolle Vorstellung von Gott.

Gott

Ich habe die Macht, mich dafür zu entscheiden, die Dinge so zu sehen, wie sie wirklich sind. Ich entscheide mich dafür, die Dinge so zu sehen, wie Gott sie sieht: mit den Augen der Liebe. Da es Gottes Natur ist, allgegenwärtig, allwissend und allmächtig zu sein, weiß ich, dass in diesem ganzen Universum tatsächlich nur eines existiert: die Liebe Gottes. Die Liebe Gottes umgibt mich, wohnt in mir, geht mir voraus und bereitet mir den Weg. Ich bin ein geliebtes Kind des Universums, und das Universum sorgt liebevoll für mich, jetzt und für immer. Wenn ich etwas brauche, wende ich mich an die Macht, die mich erschuf. Ich bitte um das, was ich brauche, und sage Dank noch bevor meine Bitte erfüllt wurde, weil ich weiß, dass das, was ich brauche, zur rechten Zeit und am rechten Ort zu mir kommen wird.

Es gibt nur eine Macht, die uns alle erschaffen hat.

Wenn ich meditiere,

setze ich mich hin und frage:

»Was muss ich heute wissen?«

Im Laufe des Tages

erhalte ich dann

eine Antwort.

Göttliche Führung

Ich weiß, dass eine Kraft, die viel größer ist als ich selbst, mich ständig durchströmt. Und wann immer ich will, kann ich mich dieser Kraft öffnen und empfangen, was ich brauche. Das gilt für jeden Menschen. Wir alle lernen heute, dass es ungefährlich ist, in unser Inneres zu schauen. Wir können gefahrlos unsere Sicht des Lebens erweitern. Wenn die Dinge sich in manchen Bereichen nicht so entwickeln, wie ich es erwarte, bedeutet das nicht, dass ich böse oder schlecht bin. Es ist vielmehr ein Signal, dass die Göttliche Führung mich in eine andere Richtung lenken will. Wenn das geschieht, ziehe ich mich an einen ruhigen Ort zurück, entspanne mich und nehme Verbindung mit meiner inneren Intelligenz auf. Ich bejahe, dass die göttliche Weisheit unerschöpflich ist und mir jederzeit zur Verfügung steht und dass alles, was ich wissen muss, mir zur rechten Zeit und am rechten Ort offenbart wird.

Alles geschieht in göttlicher, rechter Ordnung.

Ich erschaffe mir neue Möglichkeiten, indem ich alte Grenzen überwinde.

Grenzen

ie Tore des Lernens und Wissens stehen mir immer offen, und immer öfter entscheide ich mich dafür, sie zu durchschreiten. Grenzen, Blockaden, Hindernisse und Probleme sind meine persönlichen Lehrer, die es mir ermöglichen, die Vergangenheit hinter mir zu lassen und in die Gesamtheit aller Möglichkeiten einzutreten. Ich liebe es, mein Bewusstsein auszudehnen und an das höchste für mich vorstellbare Gute zu denken. Je mehr ich meine Aufmerksamkeit auf das Gute richte, desto mehr lösen sich Grenzen und innere Blockaden auf. Immer öfter ereignen sich dann in meinem Leben ganz unerwartet, einfach aus dem Blauen heraus, kleine Wunder. Und regelmäßig gönne ich es mir, für eine Weile gar nichts zu tun, einfach nur still dazusitzen und offen für die Göttliche Weisheit zu sein. Ich liebe es, ein Schüler des Lebens zu sein.

*Alle Hindernisse
in meinem Leben
lösen sich jetzt auf.*

Ich lasse los und vergebe.

Groll

Kleine Kinder drücken ihre Wut ungehemmt aus. Wenn wir erwachsen werden, lernen wir, unseren Ärger in uns hineinzufressen, sodass er sich in Groll verwandelt. Er setzt sich in unserem Körper fest und zehrt an uns. Vor Jahren lebte ich, wie viele Menschen, in einem Gefängnis aus selbstgerechtem Groll. Ich glaubte, ich hätte das Recht, wütend zu sein, wegen all dem, was »sie« mir antaten. Es dauerte lange, bis ich lernte, dass mein Festhalten an Bitterkeit und Groll mir mehr schadete als jene Vorfälle, aus denen sich diese Gefühle speisten. Wenn ich mich weigerte zu vergeben, dann war ich diejenige, die sich verletzend verhielt. Die Tür zu meinem Herzen war verschlossen, und ich konnte nicht lieben. Ich lernte, dass Vergebung nicht bedeutet, das negative Verhalten eines anderen Menschen gutzuheißen. Als ich damit aufhörte, Groll in mir zu hegen, erlöste mich das aus meinem Kerker. Die Tür zu meinem Herzen öffnete sich, und ich merkte, dass ich frei war. Ich vergebe, ich lasse los, und ich bin frei.

Von heute an hege ich keine Grollgefühle mehr.

Immer wieder
mache ich
seelischen Hausputz
und sorge
in meinem Leben
für Ordnung.

Hausarbeit

Ich mache die Hausarbeit zu einem Vergnügen. Ich fange einfach irgendwo an und nehme mir dann mit spielerischer Leichtigkeit Zimmer für Zimmer vor. Ich werfe den Müll weg. Ich entstaube und poliere die Dinge, die mir am Herzen liegen. Wir alle haben bestimmte Glaubenssätze. Und wie in einem bequemen, vertrauten Sessel machen wir es uns in diesen Glaubenssätzen immer wieder gemütlich. Unsere Glaubenssätze erzeugen unsere Erfahrungen. Einige dieser Glaubenssätze erzeugen wundervolle Erfahrungen. Doch manche können wie ein unbequemer alter Sessel werden, von dem wir uns nicht trennen wollen. Ich weiß, dass ich alte Glaubenssätze hinauswerfen und mir stattdessen neue wählen kann, die meine Lebensqualität spürbar verbessern. Das ist wie Hausputz. Ich muss mein materielles Haus in regelmäßigen Abständen säubern und entrümpeln, sonst wird es irgendwann unbewohnbar. Das bedeutet nicht, dass ich zum Sauberkeitsfanatiker werden muss. Aber eine gewisse Ordnung und Sauberkeit sind einfach unerlässlich. Materiell und geistig fülle ich die Zimmer meines Hauses mit Liebe.

Die täglichen häuslichen Pflichten erledige ich mit Leichtigkeit und Schwung.

Mein Körper ist gesund und glücklich und in Harmonie – so wie ich!

Heilung

Ich bin offen und empfangsbereit für alle heilenden Energien im Universum. Ich weiß, dass jede Zelle meines Körpers intelligent ist und sich selbst zu heilen vermag. Mein Körper strebt immer nach vollkommener Gesundheit. Ich gebe jetzt alle Überzeugungen auf, die meiner vollständigen Gesundung im Wege stehen. Ich informiere mich über Ernährung und versorge meinen Körper mit gesunden, vollwertigen Nahrungsmitteln. Ich beobachte mein Denken und wähle ausschließlich gesunde Gedanken. Ich entferne alle Gedanken des Hasses, der Eifersucht, der Wut, der Furcht, des Selbstmitleids, der Scham und der Schuld aus meinem Bewusstsein. Ich liebe meinen Körper. Ich sende Liebe in jedes Organ, jeden Knochen, jeden Muskel und alle übrigen Teile meines Körpers. Ich lasse Liebe durch jede Zelle meines Körpers strömen. Ich bin meinem Körper dankbar für die gute Gesundheit, derer ich mich in der Vergangenheit erfreuen durfte. Hier und jetzt akzeptiere ich Heilung und gute Gesundheit.

Gute Gesundheit ist mein Göttliches Recht.

Meine Liebe zu mir selbst
und zu anderen ermöglicht
es mir, mein volles Potenzial
zu entfalten.

Das Höchste Gute

Die Macht, die mich erschuf, ist dieselbe Macht, mit der ich als Mitschöpfer zusammenarbeite. Diese Macht will, dass ich immer nur mein Höchstes Gutes erlebe und zum Ausdruck bringe. Ich tue mein Bestes, damit mein Wahres Selbst voll zur Geltung kommt, und überlasse ihm völlig die Kontrolle. Indem ich das tue, liebe ich mein Selbst wirklich. So eröffnen sich mir große Möglichkeiten: Ich erlebe Freiheit und Freude, und in meinem Alltag geschehen Wunder. Mein Höchstes Gutes ist zugleich auch das Beste für alle anderen Menschen. Das ist wirklich ein Akt der Liebe.

Ich arbeite stets für mein Höchstes Gutes.

*Ich erweitere

meinen Horizont und

befreie mich so

mühelos

von Begrenzungen.*

Horizonte erweitern

Das Leben ist eigentlich ganz frei und leicht. Lediglich mein Denken ist manchmal verworren, begrenzt, auf Scham beruhend oder abwertend. Wenn ich mich von einengenden Denkmustern löse und offen für Neues bin, kann ich mich weiterentwickeln. Schließlich gibt es immer noch etwas dazuzulernen! Wenn wir glauben, schon alles zu wissen, ist in unserem Leben kein Platz für Neues. Dann gibt es keine positive Veränderung. Akzeptiere ich, dass es eine Macht und Intelligenz gibt, die größer ist als ich? Oder halte ich tatsächlich mich selbst für das Maß aller Dinge? Wenn ich erkenne, dass es im Universum eine Macht und Intelligenz gibt, die viel größer und strahlender ist als ich, aber gleichwohl immer auf meiner Seite steht, gelange ich in jene geistige Zone, wo das Leben frei und leicht ist.

Das Leben fließt leicht und mühelos dahin.

Ich lache gern.

Humor

Das Unterbewusstsein hat keinen Sinn für Humor. Wenn ich mich über mich selbst lustig mache, nimmt mein Unterbewusstsein das für bare Münze und erschafft eine dementsprechende Realität, auch wenn ich mir bewusst sage: Oh, das ist doch nur Spaß, das meine ich doch gar nicht ernst. Auch wenn ich Witze über andere reiße, stehe ich unter dem Gesetz, das da lautet: »Was ich gebe, kommt wieder zu mir zurück.« Daher habe ich gelernt, meinen Humor liebevoll und klug einzusetzen. Es gibt im Leben so viel Humorvolles, dass man, um witzig zu sein, nicht andere Menschen oder sich selbst verunglimpfen muss. Auch durch unseren Humor helfen wir mit, diese Welt zu einem sichereren und liebenswerteren Ort zu machen.

Ich gebrauche meinen Humor weise.

Ich teile meinen Reichtum und mein Wissen mit allen, die mir auf meinem Weg begegnen.

Hunger

Ich sehe, wie Hunger, Armut und Leid verschwinden, und ich sehe, wie sich neue Möglichkeiten einer gerechten Verteilung aller Ressourcen auftun. Es herrscht auf diesem Planeten eine unglaubliche Fülle, und es gibt wirklich genug Nahrung für alle. Und doch hungern die Menschen. Das Problem ist nicht Nahrungsmangel, sondern ein Mangel an Liebe. Das Problem ist ein weit verbreitetes Mangeldenken, und sind Menschen, die glauben, sie hätten nichts Gutes im Leben verdient. Wir müssen mithelfen, den Bewusstseinszustand aller Menschen auf diesem Planeten anzuheben. Menschen einmal etwas zu essen zu geben ist gut, doch morgen werden sie wieder hungrig sein. Menschen zu zeigen, wie man fischt, ermöglicht es ihnen, sich für den Rest ihres Lebens selbst genug Essen zu verschaffen.

*Es ist immer genug
für alle da.*

Meine Gedanken unterstützen und stärken mein Immunsystem.

Immunsystem

Von Tag zu Tag fällt es mir leichter, mir eine genügende Dosis Bedingungsloser Liebe zu verabreichen. Ich glaube, dass es von meinem Bewusstseinszustand abhängt, womit ich mich »infiziere.« Glaube ich, dass »das Leben hart ist und ich sowieso immer den Kürzeren ziehe«, oder »bin ich einfach zu nichts zu gebrauchen« und »ist mir sowieso alles egal«? Wenn meine Glaubenssätze in diese Richtung tendieren, dann wird dadurch mein Immunsystem (das meine Gedanken und Gefühle registriert) beeinträchtigt, und ich werde zur leichten Beute für jeden »Bazillus«, der gerade die Runde macht. Glaube ich dagegen, dass »das Leben eine Freude ist«, dass »ich liebenswert bin und stets für alle meine Bedürfnisse gesorgt wird«, dann fühlt sich mein Immunsystem von mir unterstützt, und mein Körper wird Krankheiten viel besser abwehren können.

Mein Körper ist intelligent.

Das Leben drückt sich durch mich auf individuelle Weise aus.

Individualität

Ich folge meinem inneren Stern und funkle und leuchte auf meine einzigartige Weise. Ich bin ein sehr wertvolles Individuum. Ich habe eine wunderschöne Seele, und ich habe einen äußeren Körper und eine Persönlichkeit. Aber meine Seele ist das Zentrum. Meine Seele ist jener Teil von mir, der ewig ist. Sie hat immer existiert und wird immer existieren. Meine Seele hat viele verschiedene Persönlichkeiten angenommen und wird sich noch in vielen verkörpern. Meine Seele kann nicht verletzt oder zerstört werden. Doch ihre vielen verschiedenen Lebenserfahrungen machen sie reicher. Das Leben umfasst viel mehr, als ich begreifen kann. Ich werde nie alle Antworten kennen. Aber je besser ich verstehe, wie das Leben funktioniert, desto mehr Kraft und Potential steht mir zur Verfügung.

Ich bin ein Licht in der Welt.

Das Leben liebt mich und schenkt mir Geborgenheit.

Jugendliche

Erwachsenwerden ist eine sichere, einfache Sache. Ich liebe es, zu lernen, zu wachsen und mich zu verändern. Trotz vieler Veränderungen fühle ich mich sicher und geborgen. Ich weiß, dass Veränderungen ganz natürlich zum Leben dazugehören. Meine Persönlichkeit ist flexibel, und es fällt mir leicht, mit dem Leben zu fließen. Mein inneres Wesen bleibt dabei stets stabil. Daher bin ich immer in Sicherheit, ganz gleich durch welche Erfahrungen ich gerade gehe. Als ich ein kleines Kind war, wusste ich nicht, was die Zukunft bringen würde. Nun, wo ich mich auf der Reise ins Erwachsensein befinde, erkenne ich, dass dieser Weg für mich genauso unbekannt und geheimnisvoll ist. Ich entscheide mich für den Glauben, dass es eine ungefährliche Sache ist, erwachsen zu werden. Ich bejahe, dass ich mein Leben in den Griff bekomme. Meine erste reife, erwachsene Handlung besteht darin, mich selbst bedingungslos zu lieben, denn dann kann ich alles bewältigen, was die Zukunft mir bringt.

Sicher und geborgen werde ich erwachsen.

Ich kann Kinder etwas lehren, aber ich kann sie zu nichts zwingen.

Kinder

Offene, liebevolle Kommunikation mit Kindern gehört zu meinen größten Vergnügen. Ich achte auf das, was sie sagen, und sie hören auf das, was ich sage. Kinder sind immer bestrebt, Erwachsene nachzuahmen. Wenn sich ein Kind in meiner Nähe negativ verhält, dann überprüfe ich, ob ich nicht irgendwelche negativen Glaubenssätze hege. Ich weiß, dass ich, wenn ich mich selbst heile, damit gleichzeitig zur Heilung des Kindes beitrage. Ich bekräftige jetzt, dass ich mich selbst bedingungslos liebe. Ich trenne mich bewusst von allen negativen Glaubenssätzen. Ich werde zu einer vorbildlich positiven, liebevollen Person. Damit gebe ich meinem Kind die Möglichkeit, sich selbst zu lieben. Dadurch verschwindet sein negatives Verhalten, machmal sofort, machmal dauert es aber auch etwas länger. Auch nehme ich Verbindung zu meinem eigenen inneren Kind auf. Wenn ich als Erwachsener für Stabilität in meinem Leben sorge, fühlt sich mein inneres Kind geborgen und geliebt. Aus diesem Gefühl der Geborgenheit und Liebe erwächst die Bereitschaft, viele alte Denk- und Verhaltensmuster aufzugeben.

*Ich liebe Kinder,
und sie lieben mich.*

Was auch immer in der Vergangenheit geschah, ich erlaube es dem kleinen Kind in mir jetzt, aufzublühen und sich von ganzem Herzen geliebt zu fühlen.

Kindesmisshandlung

Wir alle sind geliebte Kinder des Universums, und doch geschehen Kindesmisshandlungen und andere schreckliche Dinge. Es heißt, dass dreißig Prozent unserer Bevölkerung als Kind misshandelt wurden. Das ist nichts Neues. Doch heute sind wir an einem Punkt angelangt, wo wir anfangen, uns der Dinge bewusst zu werden, die wir früher hinter Mauern des Schweigens verbargen. Diese Mauern fallen jetzt, wodurch es möglich wird, Veränderungen herbeizuführen. Bewusstheit ist der erste Schritt für Veränderungen. Bei denjenigen unter uns, die eine sehr schwere Kindheit hatten, sind die Schutzwälle dick und stark. Doch hinter diesen Schutzwällen wartet in jedem von uns ein kleines Kind darauf, beachtet, geliebt und so, wie es ist, akzeptiert zu werden – ohne dass man es in äußere Normen presst. Ich liebe dich, inneres Kind!

Erwachsenwerden
ist für mich
völlig gefahrlos.

Klarheit

Klar und deutlich sehe ich meine Vision und meine Bestimmung vor mir. Mein inneres Wissen lenkt mich stets auf Wege, die gut und voll Freude sind. Ich verbinde mich jetzt mit der Unendlichkeit des Lebens, wo alles perfekt, heil und erfüllt ist. Inmitten des sich unablässig wandelnden Lebens bleibe ich immer zentriert und gelassen. Ich beginne jetzt, das Gute in allem und jedem zu sehen.

Ich sehe klar.

Ich verbreite nur gute Nachrichten.

Klatsch

Als mir eines Tages klar wurde, welchen Schaden Klatsch bei allen Beteiligten anrichtet, gab ich diese schlechte Angewohnheit völlig auf. Ich habe gelernt, dass es am besten ist, gut über andere zu sprechen. Dann sagen sie – so ist das Gesetz des Lebens – auch Gutes über mich. Auf diese Weise begleiten mich positive Schwingungen auf allen meinen Wegen. Gern nehme ich mir die Zeit, anderen Menschen meine Aufmerksamkeit zu schenken, und Gespräche, die Menschen aufmuntern und inspirieren, sind für mich ein Genuss. Da ich weiß, dass das, was wir aussenden, wieder zu uns zurückkommt, wähle ich meine Worte mit Bedacht. Wenn ich eine negative Geschichte höre, erzähle ich sie nicht weiter. Höre ich dagegen eine positive Geschichte, erzähle ich allen davon.

Meine Kommunikation mit anderen Menschen funktioniert ausgezeichnet.

*M*eine Kommunikation ist stets liebevoll. So ziehe ich angenehme Erfahrungen und liebevolle Menschen in mein Leben.

Kommunikation

Liebevolle Kommunikation gehört zu den beglückendsten und machtvollsten menschlichen Erfahrungen. Wie gelange ich dorthin? Ich habe intensiv an mir gearbeitet, ich habe viele Bücher gelesen und die Prinzipien des Lebens begriffen, zum Beispiel das folgende: »Das Universum reagiert auf mich. Das, was ich denke und sage, geht von mir aus und kehrt wieder zu mir zurück.« Also bitte ich um Hilfe und beobachte mich. Wenn ich mich ohne Kritik und vorurteilslos beobachte, wird meine Kommunikation mit anderen Menschen ganz von allein liebevoller. Woran glaube ich? Was fühle ich? Wie reagiere ich? Wie kann ich mehr lieben? Und dann sage ich zum Universum: »Lehre mich, wie man liebt.«

Kommunikation ist ein Lied der Liebe.

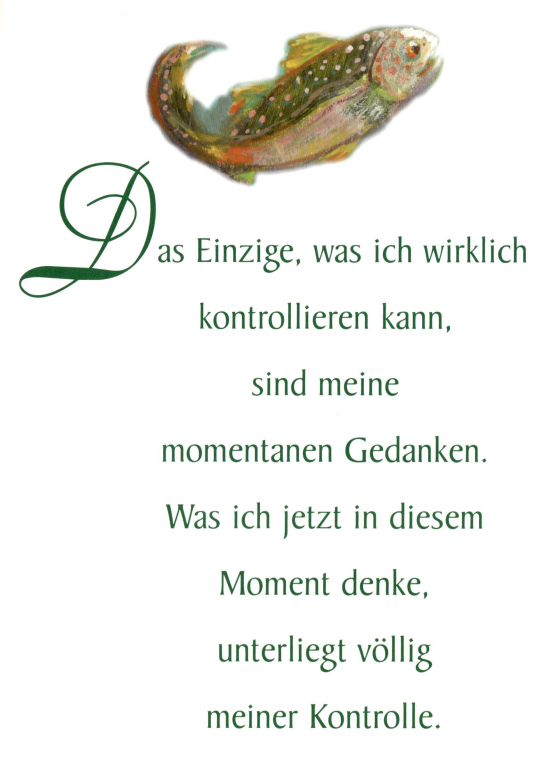

Das Einzige, was ich wirklich kontrollieren kann, sind meine momentanen Gedanken. Was ich jetzt in diesem Moment denke, unterliegt völlig meiner Kontrolle.

Kontrolle

Wenn etwas geschieht, dem ich mich hilflos ausgeliefert fühle, wende ich sofort eine positive Affirmation an. Ich wiederhole sie immer wieder, während ich durch die betreffende Erfahrung hindurchgehe. Wenn ich ein ungutes Gefühl habe, sage ich zum Beispiel: *Alles ist gut, alles ist gut, alles ist gut.* Wenn ich den Drang verspüre, in meinem Leben alles kontrollieren zu wollen, sage ich: *Ich vertraue dem Lauf des Lebens.* Während Erdbeben oder anderer Naturkatastrophen kann es hilfreich sein, wenn ich innerlich bekräftige: *Ich befinde mich in rhythmischer Harmonie mit der Erde und ihren Bewegungen.* Dann ist alles, was geschieht, in Ordnung, weil ich in Harmonie mit dem Fluss des Lebens bin.

Indem ich dem Leben vertraue, schaffe ich mir Sicherheit.

So, wie ich jetzt

in diesem Augenblick bin,

bin ich wunderbar.

Kopfschmerzen

Ein Kopfschmerzen förderndes Denkmuster ist die Neigung, ständig sich selbst zu kritisieren. Wenn ich das nächste Mal Kopfschmerzen habe, frage ich mich: »Auf welche Weise kritisiere ich mich? Was habe ich gerade getan, weswegen ich mir nun Vorwürfe mache?« Ich habe gelernt, auf meinen inneren Dialog zu lauschen. Wenn mir negative Gedanken durch den Kopf gehen, die mir sagen, dass ich nicht gut genug sei und etwas falsch mache, erkenne ich, dass es sich dabei um alte Muster aus der Kindheit handelt. Dann spreche ich liebevoll mit mir und meinem inneren Kind. Statt mich durch selbstkritisches Denken niederzumachen, baue ich mich durch liebevolle Gedanken der Selbstannahme auf. Wenn ich merke, dass mich etwas belastet, gehe ich jetzt anders mit diesem Druck um. Ich habe eine gute Meinung von mir.

Ich habe ein positives Selbstbild.

Liebevoll

erschaffe ich mir

eine perfekte

Gesundheit.

Krankheit

Es ist natürlich, gesund zu sein. Es ist natürlich, dass ich flexibel bin, Neues rasch lerne, lache, mich verändere und wachse. Krankheit hat etwas damit zu tun, dass ich mich in irgendeinem Bereich dem Fluss des Lebens widersetze, und mit meiner mangelnden Bereitschaft, zu vergeben. Ich betrachte die Krankheit als meinen persönlichen Lehrer, der gekommen ist, um mir auf meinem Weg zu größerer Erkenntnis zu helfen. Wie jeden Lehrer brauche ich sie nur vorübergehend. Wenn ich die Lektion gelernt habe, gehe ich weiter zur nächsten Phase meiner Heilung. Jeder Mensch auf diesem Planeten braucht in irgendeinem Bereich seines Lebens Heilung. Ich helfe meinem Körper, meinem Bewusstsein und meiner Seele, indem ich in meiner Umgebung für eine liebevolle Atmosphäre sorge. Es sind mein Körper und mein Bewusstsein, und ich trage dafür die Verantwortung.

Jede Krankheit ist ein wertvoller Lehrer für mich.

*I*ch erkenne

meine Kreativität an

und freue mich an ihr.

Kreativität

Die Kreativität des Universums fließt den ganzen Tag durch mich. Um an ihr teilzuhaben, muss ich mir lediglich bewusst werden, dass ich ein Teil von ihr bin. Es ist leicht, Kreativität zu erkennen, wenn sie in Form eines Gemäldes, eines Romans, eines Films, eines neuen Weines oder einer neuen Geschäftsidee in Erscheinung tritt. Doch in jedem Moment bin ich Schöpfer meines gesamten Lebens – von der simplen, sich ständig vollziehenden Neubildung von Zellen in meinem Körper bis hin zu meinen emotionalen Reaktionen, meiner Berufswahl, dem Zustand meines Bankkontos, meinen zwischenmenschlichen Beziehungen und meiner Einstellung zu mir selbst. Eine meiner machtvollsten Gaben ist meine Vorstellungskraft. Ich nutze sie, um mir Gutes für mich selbst und meine Mitmenschen vorzustellen. Friedvoll erschaffe ich gemeinsam mit meinem Höheren Selbst meine Welt.

An jedem Tag erschaffe ich mein Leben.

Beim Erlernen neuer Fähigkeiten bin ich geduldig und liebevoll mit mir. Ich bin immer für mich da.

Kritik

Ich bin ein wunderbares Geschöpf. Früher habe ich mich selbst kritisiert und heruntergemacht, weil ich dachte, dadurch würde sich mein Leben verbessern. Doch in Wahrheit bin ich durch diese ständige Kritik keineswegs besser geworden. Ja, Kritik behindert meinen Fortschritt geradezu. Daher verfolge ich aufmerksam meinen inneren Dialog. Wenn ich merke, dass ich in Selbstkritik verfalle und mir einrede, ich sei nicht gut genug oder mache etwas falsch, handelt es sich dabei um alte Muster aus meiner Kindheit. Sobald mir ein solches Verhalten auffällt, rede ich sofort liebevoll mit meinem inneren Kind. Statt mich mit Selbstvorwürfen zu quälen, nähre ich meine Seele, indem ich mich lobe und ermutige. Ich weiß, ich bin auf dem Weg zu einem Zustand ständiger Liebe.

Ich lobe mich für kleine und große Leistungen.

Jedes Lebensalter ist eine wundervolle Erfahrung.

Lebensabend

Am Anfang des vorigen Jahrhunderts betrug die durchschnittliche Lebenserwartung 49 Jahre. Heute liegt sie bei 85 Jahren. Schon morgen wird sie vielleicht bei 125 Jahren liegen. Es ist an der Zeit, dass wir die späteren Jahre unseres Leben in ein positiveres Licht rücken. Ich bin nicht mehr bereit, die Behauptung hinzunehmen, Alter bedeute, krank zu werden und einsam und voller Angst zu sterben. Ich übernehme von jetzt an selbst die Verantwortung für meine Gesundheit. Auf diese Weise können wir Pflegeheime überflüssig machen. Ich übernehme die Kontrolle über mein Denken und erschaffe mir einen Lebensabend, der viel schöner ist als das, was frühere Generationen im Alter erlebt haben. Ich sehe mich als vital, lebenslustig und gesund. Bis zu meinem letzten Tag werde ich einen positiven Beitrag für die Welt leisten. Ich werde zu den Exzellenten Alten gehören und anderen zeigen, wie auch sie in jedem Alter ein erfülltes Leben führen können. Ich engagiere mich aktiv in der Gesellschaft und helfe mit, diese Welt für kommende Generationen lebenswerter zu machen.

Ich freue mich an jedem neuen Lebensjahr.

Lernen ist schön und fällt mir leicht.

Lernen

Jeder von uns ist hier, um zu lernen. Wenn wir eine Lektion gelernt haben, schreiten wir weiter zur nächsten, die das Leben für uns bereithält. Ich lerne, in welcher Beziehung meine Gedanken zu meinen Erfahrungen stehen, und gebe mein Bestes, entsprechend meinem gegenwärtigen Erkenntnisstand. Meine »Lektion« lerne ich, wenn ich bereit bin, mich zu ändern. Mein höheres, spirituelles Selbst ist unwandelbar und ewig, daher verändert sich lediglich mein zeitliches, menschliches Selbst. Man hat mir beigebracht, dass es schwer sei, sich zu ändern. Heute aber weiß ich, dass ich mir genauso gut die Vorstellung zu eigen machen kann, dass Veränderungen mir leichtfallen und dass sie interessant und anregend sein können. Natürlich kann ich Widerstand leisten, leugnen, wütend werden und Mauern errichten, doch letztendlich werde ich meine Lektionen trotzdem lernen müssen. Besser ist es, wenn ich gern lerne.

Ich bin bereit zu lernen.

Ich freue mich an der Liebe,
die ich anderen schenken kann.

Liebe

Tief im Zentrum meines Seins wohnt unendliche Liebe. Sie ist unerschöpflich. Ich habe viel mehr davon, als ich in diesem Leben je verbrauchen könnte. Daher kann ich freigebig mit ihr sein. Liebe ist ansteckend. Wenn ich meine Liebe mit anderen teile, kehrt sie vielfach vermehrt zu mir zurück. Je mehr Liebe ich gebe, desto mehr Liebe habe ich. Ich bin in diese Welt gekommen, um Liebe zu schenken. Und obwohl ich mein ganzes Leben lang meine Liebe anderen schenken werde, wird mein Herz, wenn ich die Erde wieder verlasse, reich und glücklich sein. Wenn ich mehr Liebe will, muss ich mehr Liebe geben. Die Liebe ist, und ich bin.

Ich bin ein leuchtendes, liebendes Wesen.

Alle meine neuen Gewohnheiten wirken sich positiv auf mein Leben aus.

Loslassen

Wenn ich bereit dafür bin, ein altes Denk- oder Verhaltensmuster aufzugeben, wird es mir als Problem bewusst. Ich lerne jetzt, Probleme als Botschaften anzuerkennen. Sie werden mir von einem Teil, tief in meinem Inneren, gesandt, der sich nach Liebe sehnt. Ich bitte das Universum, mir zu helfen, die Angst loszulassen, und ich öffne mich für neue Einsichten. Ich lerne jetzt, mich meiner negativen Angewohnheiten und Glaubenssätze liebevoll anzunehmen. Früher sagte ich: »Oh, ich will diese Angewohnheit loswerden!« Heute weiß ich, dass ich alle meine Angewohnheiten selbst erschaffen habe, weil sie in meinem Leben einen bestimmten Zweck erfüllen. Also löse ich mich von diesen alten Angewohnheiten und finde neue, positivere Wege, die dahinter stehenden Bedürfnisse zu befriedigen.

Ich befreie mich von dem Wunsch, perfekt sein zu wollen.

*A*lle Macht

liegt im gegenwärtigen

Augenblick.

Macht

Ich habe die Macht, mein Leben zu heilen. Das erkenne ich jetzt immer deutlicher. Ich bin nicht hilflos. Ich verfüge stets über die Macht meines eigenen Geistes. Mittels meiner Gedanken erschaffe ich das Leben, das ich momentan führe. Ich sehe mich nicht länger als Opfer und gebe mich nicht länger Ohnmachtsgefühlen hin.

Ich jammere und beklage mich nicht mehr, sondern beanspruche die Macht meiner Gedanken. Von dieser Macht mache ich weisen Gebrauch. Ich wähle Gedanken, die mich glücklich machen und die wohltuend sind. Ich wähle Gedanken der Dankbarkeit und Wertschätzung dem Leben gegenüber. Ich stehe in Kontakt mit der Einen Macht und Intelligenz, die mich erschuf. Das Leben trägt und erhält mich, und ich werde geliebt.

Hier und jetzt beanspruche ich meine Macht.

Ich genieße meine regelmäßigen Meditationszeiten.

Meditation

Wenigstens einmal täglich setze ich mich still hin, wende mich nach innen und nehme Verbindung zu der Weisheit und dem Inneren Wissen auf, die tiefe, ewige Bestandteile meines eigenen Inneren Selbst sind. Die Antworten auf alle Fragen, die ich je stellen kann, warten in der Meditation auf mich. Zu Meditieren ist eine Freude. Ich setze mich still hin, atme ein paarmal tief durch, entspanne mich und begebe mich an den Ort meines inneren Friedens. Nach einer kleinen Weile kehre ich in den gegenwärtigen Augenblick zurück, erfrischt und bereit, mich wieder dem Leben zuzuwenden. Ich bin im Frieden und weiß, dass alles gut ist.

Die selbstsichere Gelassenheit, nach der ich suche, ist bereits in mir.

Ich verbreite nur gute Nachrichten.

Nachrichten

In den Medien wird so viel über Katastrophen berichtet. Zahllose schlechte Nachrichten überfluten unser Bewusstsein. Wenn wir uns täglich die Fernsehnachrichten anschauen oder Zeitung lesen, ist es kein Wunder, dass wir Angst bekommen. Wozu also überhaupt Zeitung lesen? Jede Neuigkeit, die ich wirklich erfahren soll, wird mir gewiss auch so irgendjemand erzählen. Die Medien wollen ihre Produkte verkaufen und entwerfen daher immer neue Katastrophen-Szenarios, um unsere Aufmerksamkeit zu erregen. Ich bin dafür, Nachrichtensendungen und Zeitungen so lange zu boykottieren, bis die Medien guten Nachrichten endlich einen Anteil von mindestens 75 Prozent in ihrer Berichterstattung einräumen. Das würde uns alle ermutigen, das Leben in einem positiveren Licht zu sehen. Wir können einen Anfang machen, indem wir an Zeitungsredaktionen und Fernsehsender schreiben und mehr gute Nachrichten fordern. Gemeinsam können wir positive Ereignisse visualisieren, und wir können den Schrei nach Liebe hören, der sich hinter jeder negativen Schlagzeile verbirgt.

Ich visualisiere positive, inspirierende Nachrichten und Reportagen.

Für mich ist jeder Augenblick ein neuer Anfang.

Neue Perspektiven

Oft schwanken wir zwischen alten Ideen und neuen Wegen des Denkens hin und her. Ich bin dabei geduldig mit mir und achte genau auf meine Gedanken und Worte. Alles, was ich denke oder sage, ist eine Affirmation – entweder positiv oder negativ. Wenn es regnet, kann ich sagen: »Oh, was für ein scheußlicher Tag.« Dabei ist Regen gar nicht scheußlich, sondern nur nass. Häufig genügt schon eine kleine Veränderung der Perspektive, um die Welt in neuem Licht zu sehen, und sofort tun sich positive Möglichkeiten auf.

Ich habe Freude an neuem, frischem Denken.

Meine Ärzte freuen sich mit mir, dass meine Genesung so rasche Fortschritte macht.

Operationen

Wenn ich einen Arzt oder sonstigen Thera-
peuten benötige, suche ich mir einen mit
heilenden Händen, einer positiven Grundeinstellung und
einem liebenden Herzen. Wir arbeiten als Heilungsteam
zusammen. Ich bin mir bewusst, dass die Weisheit des
Universums durch meine Ärzte und das Pflegepersonal
wirkt. Daher entspanne ich mich und lasse mir vom Universum sanft durch diese Erfahrung hindurchhelfen. Jede
Hand, die meinen Körper berührt, ist eine heilende Hand,
und ich weiß, dass die wahre Heilung von innen kommt.
Ich vertraue auf die Selbstheilungskräfte meines Körpers.
Ich bin gesund, heil und ganz.

*Ich empfinde jetzt
jene tiefe Sicherheit
und Geborgenheit,
in der Heilung
möglich wird.*

Ich bin ein ordentlicher Mensch, der gut für sich sorgt.

Ordnung

Es macht mir Spaß, zu Hause und am Arbeitsplatz alles so zu arrangieren, dass ich die Dinge, die ich brauche, rasch finde. Alles befindet sich in Göttlicher Rechter Ordnung, von den Sternen am Himmel bis zu den Kleidern in meinem Schrank und den Papieren auf meinem Schreibtisch. Ich liebe die Zeremonie meiner täglichen Pflichten. Sie sind Training für Körper und Geist. Wenn in meinem Leben Ordnung herrscht, habe ich Zeit dafür, kreativ zu sein und mich für neue Einsichten zu öffnen. Dennoch ist meine tägliche Routine flexibel und fröhlich. Sie hilft mir wirkungsvoll dabei, meine Bestimmung in diesem Leben zu erfüllen. Ich bin Teil des Göttlichen Planes. Alles ist in vollkommener Ordnung.

Alles, was ich brauche,
ist immer da,
wenn ich es brauche.

Ich sehe die Erde heil und
gesund. Alle Menschen sind
gut genährt, wohlhabend
und glücklich.

Planetare Heilung

Es gibt so viel Gutes, das ich als einzelner Mensch für den Planeten tun kann. Zeitweise engagiere ich mich vielleicht aktiv für einen guten Zweck, indem ich meine physische Energie einbringe oder Geld spende. Zu anderen Zeiten nutze ich meine Gedankenkraft, um bei der Heilung des Planeten zu helfen. Wenn in den Nachrichten über eine Katastrophe oder einen Akt sinnloser Gewalt berichtet wird, mache ich auf positive Weise Gebrauch von meinem Geist. Wenn ich den Verantwortlichen wütende Gedanken sende, trägt das in keiner Weise zur Heilung bei. Daher umgebe ich die gesamte Situation sofort mit Liebe und bejahe, dass sich letztlich alles zum Guten wenden wird. Ich sende positive Energie aus und visualisiere, dass möglichst rasch eine Lösung gefunden wird, die dem Wohl aller Betroffenen dient. Ich segne die Täter liebevoll und bejahe, dass in ihnen Liebe und Mitgefühl erwachen mögen und auch sie geheilt werden. Nur wenn wir alle vollständig geheilt werden, können wir in einer gesunden Welt leben.

Ich bejahe das höchste Wohl für alle Menschen auf Erden.

Ich liebe diesen wunderbaren Planeten Erde.

Der Planet Erde

Die Erde ist eine weise und liebevolle Mutter. Sie versorgt uns mit allem, was wir jemals brauchen. Es gibt Wasser, Nahrung, Luft und Freundschaft. Die Erde bietet uns eine unendliche Fülle von Pflanzen, Tieren und anderen Naturwundern. In den letzten Jahren haben wir diesen Planeten sehr schlecht behandelt und unsere kostbaren Ressourcen verschwendet. Wenn wir die Erde weiterhin derartig missachten, wird es für uns bald keinen Lebensraum mehr geben. Hier und jetzt bin ich bereit, liebevoll für den Planeten zu sorgen und meinen Beitrag zur Verbesserung der Lebensqualität zu leisten. Mein Denken ist klar, liebevoll und verantwortungsbewusst. Ich nutze jede Gelegenheit, Gutes zu tun. Ich verzichte auf Chemie im Garten, kompostiere und verbessere die Bodenqualität. Es ist mein Planet, und ich helfe mit, ihn zu einem lebenswerteren Ort zu machen. Täglich visualisiere ich eine friedliche Erde mit einer sauberen, gesunden Umwelt. Ich stelle mir vor, wie alle Menschen ihre Herzen und Sinne öffnen und gemeinsam eine Welt schaffen, wo wir einander gefahrlos lieben können. Diese Veränderung ist möglich, und sie beginnt bei mit selbst.

Ich bin dankbar für die schöne Welt, in der ich lebe.

Für jedes Problem gibt es eine Lösung, und diese Lösung beginnt in meinem Geist.

Problemlösungen

Wie groß und überwältigend ein Problem auch immer erscheinen mag, den Schlüssel zu seiner Lösung finde ich in der Stille meines Geistes. Ich atme tief durch und sage mir immer wieder: *»Alles ist gut. Alles entwickelt sich zu meinem höchsten Wohl. Aus dieser Situation entsteht nur Gutes, und ich bin stets sicher und geborgen!«* Diese einfache Affirmation lässt mein inneres Geplapper verstummen, sodass das Universum die beste Lösung für mich finden kann. Dann können in meinem Leben Wunder geschehen.

Ich konzentriere mich nicht auf Probleme, sondern auf Lösungen.

Rechnungen sind eine Bejahung meiner Zahlungsfähigkeit.

Rechnungen

Die Macht, die mich erschuf, hat mich mit allem versorgt, was ich zum Leben brauche. Es liegt an mir, dieses Geschenk zu akzeptieren und mich seiner würdig zu erweisen. Was ich jetzt besitze, ist in meinem Leben, weil ich es zuvor akzeptiert habe. Wenn ich mehr oder weniger von dem will, was ich schon habe, oder wenn ich etwas anderes will, bekomme ich es nicht, indem ich jammere und klage. Ich kann es nur bekommen, wenn ich mein Bewusstsein erweitere. Daher heiße ich nun alle Rechnungen liebevoll willkommen und bezahle sie in dankbarer Freude, im sicheren Wissen, dass das, was ich gebe, vielfach vermehrt zu mir zurückkehrt. Ich entwickle positive Gefühle im Umgang mit Rechungen. Tatsächlich sind sie etwas ganz Wunderbares. Sie bedeuten nämlich, dass andere Leute mir genug Vertrauen entgegenbringen, um mir ihre Waren oder Dienstleistungen zu überlassen in der Erwartung, das ihnen zustehende Geld von mir auch wirklich zu bekommen.

Es ist kein Problem für mich, meine Rechnungen zu bezahlen.

Ich reise mit Liebe,

und darum warten

liebevolle Erfahrungen

auf mich,

wohin ich auch gehe.

Reisen

In allen Transportmitteln, die ich benutze – Flugzeuge, Bahn, Bus, Auto, Schiff, Fahrrad –, bin ich immer göttlich beschützt. Ich bewege mich stets sicher von Ort zu Ort. Wenn ich merke, dass ich unterwegs angespannt bin oder aufgeregt atme, entspanne ich meine Schultern, atme langsam und tief und bejahe meine Verbundenheit mit allem Leben. Ich weiß, dass das Leben mich liebt und immer für mein Wohlergehen sorgt, wohin ich auch gehe.

Ich reise in Frieden.

Meine Religion beruht auf Liebe.

Religion

Ich gewinne Standhaftigkeit und Sicherheit aus meiner Verbindung mit der Einen Unendlichen Intelligenz, jener Ewigen Kraft, die mich und alles andere im Universum erschaffen hat. Ich fühle diese Kraft in mir. Jede Zelle meines Körpers erkennt diese Kraft als gut. Was immer bestimmte Religionen auch behaupten mögen, mein wahres Wesen ist stets mit dieser Kraft verbunden. Mein Erlöser ist in mir. Indem ich mich so, wie ich bin, akzeptiere, öffne ich mich für die heilende Kraft meiner eigenen Liebe. Die Liebe des Universums umgibt mich und wohnt in mir. Ich verdiene diese Liebe. Liebe fließt jetzt durch mein Leben. Ich mache mir eine Vorstellung von Gott, die unterstützend und ermutigend ist.

Ich verbünde mich mit jener Macht, die mich erschuf.

Mit Liebe lassen sich alle Probleme im Leben reparieren.

Reparieren

Jeden Tag fällt es mir leichter, in den Spiegel zu schauen und zu sagen: »Ich liebe dich genau so, wie du bist.« Mein Leben wird auch so besser, ohne dass ich dem Drang nachgebe, ständig alles Mögliche kontrollieren und reparieren zu müssen. Früher war ich »reparier-süchtig«: Ich reparierte meine Beziehungen; ich reparierte meine Finanzen; ich reparierte die Schwierigkeiten im Job; ich versuchte, alles zu reparieren, was irgendwie nicht in Ordnung zu sein schien. Dann, eines Tages, entdeckte ich das magische Geheimnis: Wenn ich mich selbst wirklich liebe, jeden Teil von mir wirklich liebe, geschehen in meinem Leben unglaubliche Wunder. Meine Probleme lösen sich wie von Zauberhand, und es gibt nichts mehr zu reparieren. Wenn ich aufhöre, die Dinge reparieren und in Ordnung bringen zu wollen, und mich stattdessen darauf konzentriere, mich selbst und das Leben zu lieben, und wenn ich dem Universum vertraue, bekomme ich alles, was ich brauche und begehre.

Selbstliebe
ist mein Zauberstab.

Die Liebe vertreibt immer den Schmerz.

Schmerz

Mein Höheres Selbst zeigt mir den Weg zu einem emotional und körperlich schmerzfreien Leben. Ich lerne jetzt, Schmerz als Warnsignal zu betrachten, das mich dazu ermahnt, auf meine innere Weisheit zu hören. Etwas, das ich denke oder tue, dient nicht wirklich meinem höchsten Wohl. Bin ich wütend auf mich selbst oder meinen Körper? Heilung beginnt damit, dass ich lerne, mich selbst und alle Teile meines Körpers zu lieben. Wenn ich meinen Bewusstseinszustand von Wut oder Angst hin zu mehr Liebe ändere, wandeln sich meine Gesundheit und meine sonstigen Lebensumstände zum Besseren. Ich liebe meinen Körper, und ich liebe meinen Geist, und ich bin dankbar, dass beide so eng verbunden sind.

Meinen Körper zu lieben ist der erste Schritt zur Heilung.

Schönheit

Schönheit ist überall. Natürliche Schönheit leuchtet aus jeder kleinen Blume, sie offenbart sich im auf dem Wasser glitzernden Sonnenlicht und in der stillen Kraft alter Bäume. Die Natur begeistert, verjüngt und erfrischt mich. In den einfachsten Dingen des Lebens finde ich Entspannung, Freude und Heilung. Wenn ich die Natur in einem liebevollen Licht sehe, fällt es mir leicht, auch mich selbst in einem solchen Licht zu sehen. Ich bin Teil der Natur; daher bin auch ich auf meine einzigartige Weise schön. Wohin ich auch blicke, sehe ich Schönheit. Heute schwinge ich in Resonanz mit aller Schönheit des Lebens.

Schönheit weckt mich auf und heilt mich.

Ich schätze meine Freiheit, deshalb lasse ich mir keine Schuldgefühle einreden und wecke selbst keine bei anderen.

Schuldgefühle

Als Kind brachte man mich dazu, mich gut zu benehmen, indem man Schuldgefühle in mir weckte. »So etwas tut man nicht! So etwas sagt man nicht! Nein, nein, nein!« Auch die Religion benutzt Schuldgefühle, um sich Menschen gefügig zu machen. Man redet ihnen sogar ein, sie müssten in der Hölle schmoren, wenn sie sich »danebenbenehmen«. Ich vergebe den Kirchen und ihren Amtsträgern. Ich entscheide mich dafür, meinen Eltern zu vergeben und mir selbst zu vergeben. Auf vielen von uns lasten schwere Schuldgefühle, sodass wir uns für »nicht gut genug« halten. Doch jetzt ist ein neuer Tag. Gleich heute beanspruche ich meine Macht zurück! Ich beginne damit, dass ich mich selbst bedingungslos liebe und akzeptiere.

Ich liebe und akzeptiere mich genau so, wie ich bin.

Ich liebe meine Gedanken.

Selbstgespräche

Ich habe auf dieser Erde eine einzigartige Rolle zu spielen und bin mit allen für diesen Job nötigen Werkzeugen ausgestattet. Meine Gedanken und die Worte, die ich ausspreche, sind diese unglaublich mächtigen Werkzeuge. Ich mache von ihnen Gebrauch und freue mich über die Resultate! Meditation, Gebet oder zehn Minuten Affirmationen sprechen am Morgen sind wundervoll. Und ich erziele noch bessere Resultate, wenn ich den ganzen Tag über konsequent bleibe. Ich denke immer daran, dass es meine alltäglichen Gedanken sind, die mein Leben gestalten. Der Punkt der Kraft, von dem aus ich Veränderungen herbeiführen kann, befindet sich immer im Hier und Jetzt. Also betrachte ich für einen Moment den Gedanken, den ich jetzt gerade denke, und frage mich: »Möchte ich, dass dieser Gedanke meine Zukunft gestaltet?« Ich kann jederzeit einen liebevolleren Gedanken wählen.

Mein innerer Dialog ist gütig und liebevoll.

Gemeinsam können wir wahre Quantensprünge des Bewusstseins vollbringen.

Selbsthilfegruppen

» Selbsthilfegruppen« sind inzwischen weit verbreitet. Es gibt Gruppen für jedes Problem, das Menschen zu schaffen machen kann. Es gibt Gruppen zur Persönlichkeitsentwicklung, spirituelle Gruppen und 12-Stufen-Programme. Diese Selbsthilfegruppen bringen viel mehr, als zu Hause herumzusitzen und zu jammern. Wir lernen dort, dass wir mit unseren Problemen nicht allein sind und nicht für immer in unseren ungesunden Gewohnheiten stecken bleiben müssen. Wir können uns einer Gruppe von Menschen mit den gleichen Problemen anschließen und gemeinsam positive Lösungen erarbeiten. Wir fühlen miteinander und helfen uns gegenseitig. So lernen wir, den Schmerz der Vergangenheit hinter uns zu lassen. Wir sitzen nicht untätig, voller Selbstmitleid herum und spielen das »Alles ist ja so schrecklich«-Spiel. Stattdessen finden wir gemeinsam Wege der Vergebung und schauen nach vorn. Mit gegenseitiger Hilfe werden wir gesund.

Hilfe ist für mich jederzeit erreichbar.

Selbstliebe

Ich behandele mich wie jemanden, der sehr geliebt wird. Was auch geschieht, meine Liebe zu mir bleibt bestehen. Das ist keine Eitelkeit oder Selbstgefälligkeit. Eitle oder selbstgefällige Menschen, die andere spüren lassen, dass sie sich für etwas Besseres halten, tragen in Wahrheit eine Menge Selbsthass mit sich herum. Selbstliebe bedeutet einfach, dass ich das Wunder meines Daseins dankbar anerkenne. Wenn ich mich wirklich liebe, achte ich darauf, dass ich mir selbst oder anderen Menschen keinen Schmerz zufüge. Für mich ist bedingungslose Liebe der einzige Weg zum Weltfrieden. Sie beginnt damit, dass man sich selbst akzeptiert und liebt. Ich muss nicht erst warten, bis ich perfekt bin, um mich selbst lieben zu können. Ich akzeptiere mich genau so, wie ich jetzt und hier bin.

Meine Liebe ist stark.

Ich bin perfekt,
so wie ich bin –
körperlich, sexuell, geistig
und spirituell.

Sexualität

Ich glaube, dass wir uns, bevor wir in ein neues Leben hineingeboren werden, selbst unser Geburtsland, unsere Hautfarbe, unsere sexuelle Orientierung und die idealen Eltern aussuchen, die genau den Aufgaben entsprechen, die wir uns für dieses Leben gestellt haben. Wie es scheint, sieht meine Sexualität in jeder Inkarnation anders aus: Mal komme ich als Frau zur Welt, mal als Mann. Manchmal bin ich heterosexuell, manchmal homosexuell. Jede Form der Sexualität besitzt ihre eigenen Herausforderungen und ihre eigenen Möglichkeiten der Erfüllung. Manchmal billigt die Gesellschaft meine Form der Sexualität und manchmal nicht. Dennoch bin ich immer ich selbst – vollkommen, heil und erfüllt. Meine Seele ist geschlechtslos. Nur meine Persönlichkeit ist sexuell orientiert. Ich liebe und achte alle Teile meines Körpers, einschließlich meiner Genitalien. Ich bin im Frieden mit meinem Körper.

Ich akzeptiere meine Sexualität und freue mich an ihr.

Ich besitze eine gesunde Selbstachtung, und ich bin stets sicher und geborgen.

Sicherer Sex

Seit Hunderten, wenn nicht Tausenden von Jahren lag die Verantwortung für den Schutz vor ungewollten Schwangerschaften und Infektionen beim Geschlechtsverkehr ausschließlich auf der Seite der Frauen. Heute erkennen auch die Männer, besonders homosexuelle Männer, wie wichtig es ist, sich beim Sex zu schützen. Wenn die Hitze der Leidenschaft unseren Körper erfasst, neigen wir oft dazu, die Stimme der Vernunft zu überhören, die uns rät, uns zu schützen. Was sage ich jemandem, der kein Kondom benutzen will? Das hat immer etwas mit meiner eigenen Selbstachtung zu tun. Wenn meine Selbstachtung gesund und stark ist, werde ich mich weigern, ungeschützten Sex zu haben. Ist sie dagegen nur gering ausgeprägt, gebe ich möglicherweise nach und rede mir ein, dass schon nichts passieren wird. Wie sehr liebe ich mich also? Lasse ich es zu, dass andere mich benutzen oder missbrauchen? Je mehr meine Selbstliebe wächst, desto besser werde ich mich gegen Missbrauch schützen. Menschen, die sich lieben, missbrauchen weder sich noch andere.

*Ich liebe mich genug,
um ungeschützten Sex
zu verweigern.*

Ich liebe dich.

Ich liebe dich wirklich.

Spiegelarbeit

>> Ich liebe dich, _____ (setzen Sie hier Ihren Namen ein). Ich liebe dich wirklich sehr. Du bist mein bester Freund/meine beste Freundin, und das Leben mit dir ist wunderschön. Durch welche Erfahrungen ich auch hindurchgehe, meine Liebe zu dir bleibt immer bestehen. Zusammen haben wir ein gutes Leben, und es wird jeden Tag besser und besser. Noch viele wundervolle Abenteuer erwarten uns, ein Leben voller Liebe und Freude. Alle Liebe in unserem Leben beginnt bei uns selbst. Ich liebe dich. Ich liebe dich wirklich.« (Sprechen Sie diese Worte möglichst oft vor dem Spiegel.)

Liebevoll spreche ich zu mir selbst.

Spirituelle Gesetze

Ich verfüge über den besten Versicherungsschutz der Welt: mein Wissen um die Spirituellen Gesetze und meine Freude daran, in allen Bereichen meines Lebens mit ihnen zu arbeiten. Den richtigen Umgang mit den Spirituellen Gesetzen lernt man auf die gleiche Weise, wie man sich mit der Bedienung eines Computers oder Videorecorders vertraut macht. Wenn ich mir die Zeit nehme, die Bedienung eines Computers sorgfältig Schritt für Schritt zu erlernen, funktioniert er wunderbar. Mache ich dagegen meine Hausaufgaben nicht und halte mich nicht genau an die Bedienungsregeln, dann funktioniert der Computer entweder überhaupt nicht oder nicht so, wie ich es gerne hätte. Der Computer ist da unerbittlich. Meine Frustration kümmert ihn nicht. Er wartet geduldig, bis ich die Gesetzmäßigkeiten seiner Bedienung begriffen habe, und erst dann vollbringt er seine Wunder für mich. Bis es so weit ist, muss ich geduldig üben. Und genau so ist es auch beim Erlernen der Spirituellen Gesetze.

Die Gesetze der Energie sind immer wirksam.

Wenn ich bereit bin, entfaltet sich mein spirituelles Wachstum auf wunderbare Weise.

Spirituelles Wachstum

Spirituelles Wachstum geschieht oft auf seltsamen Wegen. Das kann eine zufällige Begegnung sein, ein Unfall, eine Krankheit oder der Verlust eines geliebten Menschen. Etwas in mir drängt mich, neue Wege einzuschlagen, oder ich werde durch äußere Ereignisse mit Macht daran gehindert, mein Leben in den bisherigen Bahnen fortzusetzen. Das ist bei jedem Menschen ein bisschen anders. Ich wachse spirituell, wenn ich die Verantwortung für mein Leben übernehme. Das verleiht mir die innere Kraft, die nötigen persönlichen Veränderungen zu vollziehen. Beim spirituellen Wachstum geht es nicht darum, andere Menschen zu ändern. Spirituelles Wachstum geschieht in einem Menschen, der bereit ist, sich nicht länger als Opfer zu fühlen, der Vergebung praktiziert und offen für ein neues Leben ist. Nichts davon geschieht über Nacht. Es handelt sich um eine schrittweise Entwicklung. Wenn ich beginne, mich selbst zu lieben, öffnet das die Tür. Und meine Bereitschaft, mich zu verändern, ist dabei ebenfalls eine große Hilfe.

Ich bin bereit, mich zu verändern und zu wachsen.

Ich fahre selbst sicher und bin ein freundlicher Mitfahrer.

Straßenverkehr

Autofahren ist eine sichere und angenehme Erfahrung für mich. Ich gehe sorgsam mit meinem Auto um, und darum kann ich mich auf es verlassen. Es bringt mich überallhin. Ich bringe mein Auto zur Wartung in eine Werkstatt, wo man sich gut um es kümmert. Jedesmal, wenn ich mich ans Steuer setze, strahle ich Liebe aus, sodass die Liebe mich auf allen Straßen begleitet. Ich sende den anderen Verkehrsteilnehmern meine Liebe, denn wir alle sind gemeinsam unterwegs. Die Liebe reist mir voraus und erwartet mich an meinem Zielort. Ich bin stets sicher und göttlich beschützt.

Ich liebe mein Auto.

Ich beanspruche meine Macht und überwinde alle Grenzen.

Sucht

Jede übermäßige Abhängigkeit von einer Sache oder Person ist eine Sucht. Ich kann abhängig von Drogen und Alkohol, von Sex und Tabak sein. Doch Sucht kann sich auch darin äußern, dass ich mir oder anderen ständig Vorwürfe mache, Vorurteile pflege, häufig krank bin, Schulden mache, das unschuldige Opfer spiele oder mich immer wieder zurückgewiesen fühle. Aber ich kann alle diese Begrenzungen überwinden. Süchtig zu sein bedeutet, dass ich meine persönliche Macht an eine chemische Substanz oder eine Gewohnheit abgebe. Ich kann mir meine Macht jederzeit wieder zurückholen. Ich kann sie mir *jetzt*, in diesem Moment, zurückholen! Ich lege mir jetzt die positive Gewohnheit zu, mir ständig bewusst zu sein, dass das Leben stets für mich sorgt. Ich vergebe mir und gehe weiter. Ich besitze einen ewigen Geist, der immer bei mir war und der auch jetzt bei mir ist. Ich entspanne mich und lasse los. Während ich ruhig und tief atme, trenne ich mich von alten Gewohnheiten und lege mir neue, positive zu.

Ich vergebe mir und werde frei.

Der Tod ist die Tür zu einem neuen Leben.

Tod

Wir alle betreten die Szenerie mitten im Film und verlassen sie auch wieder mitten im Film. Es gibt keine günstige oder ungünstige Zeit, nur unsere Zeit. Der Tod bedeutet keine persönliche Niederlage. Vegetarier sterben und Fleischesser sterben. Menschen, die fluchen, sterben und Menschen, die meditieren, sterben. Gute Menschen sterben und Schurken sterben. Jeder von uns muss irgendwann gehen. Das ist ein normaler, natürlicher Vorgang. Wenn sich die Tür dieses Lebens für uns schließt, öffnet sich dafür die Tür unseres nächsten Lebens. Die Liebe, die wir mitnehmen, erwartet uns auf der anderen Seite. Der Tod ist der Vorgang des Loslassens, auf den die Geburt in eine neue Phase des immerwährenden, ewigen Lebens folgt. Ich weiß, dass ich immer und überall geliebt werde und dass das Leben mich stets beschützt und trägt.

Ich lebe in Frieden ...
und sterbe in Frieden.

Ich akzeptiere es, wenn geliebte Menschen ins nächste Leben weiterreisen.

Trauer

Der Trauerprozess dauert mindestens ein Jahr, denn ich muss die jährlichen Feiertage und Feste, die ich mit diesem Menschen verbrachte, alle zum ersten Mal ohne ihn erleben. Ich nehme mir die Zeit und den nötigen Freiraum für diesen normalen und natürlichen Vorgang. Ich gehe dabei sanft mit mir um. Ich muss den Schmerz zulassen und ihn wirklich durchleben. Nach einem Jahr verschwindet er allmählich. Ich bin mir bewusst, dass ich niemanden verlieren kann, weil mir niemand wirklich gehört oder je gehört hat. Und nach einer Zeitspanne, die mir später wie ein Augenblick vorkommen wird, werde ich mit dieser Seele wieder vereint sein. Ich weiß, dass alles stirbt, auch ich selbst. Bäume, Tiere, Flüsse, sogar Sterne werden geboren und sterben. Und das alles vollzieht sich immer zur rechten Zeit und am rechten Ort.

Von innerem Frieden erfüllt gehe ich durch den Prozess des Abschiednehmens und Trauerns.

Meine Träume sind fröhlich und voller Liebe.

Träume

Ich schaue mir abends vor dem Schlafengehen keine Fernsehnachrichten an und höre auch keine Nachrichten im Radio. Nachrichtensendungen sind oft eine einzige Aufzählung von Katastrophen, die ich nicht mit in meine Träume nehmen möchte. Im Traumzustand findet eine Menge geistiger Reinigungsarbeit statt. Auch kann ich darum bitten, im Traum Hinweise für ein akutes Problem zu erhalten. Oft wird mir dann über Nacht die Lösung eingegeben. Ich bereite mich aufs Schlafen vor, indem ich mir Entspannung verschaffe, damit ich innerlich ruhig werde. Dazu kann ich eine Affirmation wie die folgende benutzen: *Meine Welt ist bis in die hintersten Winkel sicher und behütet. Sogar in der nächtlichen Dunkelheit, wenn ich schlafe, bin ich in Sicherheit. Ich weiß, der morgige Tag wird für sich selbst sorgen. Meine Träume sind Träume der Freude, und ich erwache am Morgen frisch und ausgeruht. Falls ich einmal in der Nacht aus einem Traum erwache, bitte ich darum, dass mir die Botschaft des Traums offenbart wird.* Schon bevor ich morgens die Augen öffne, kann ich meine geistigen Fähigkeiten trainieren, indem ich für mein gemütliches Bett und die vielen Segnungen in meinem Leben Dank sage.

Mein Bett ist ein sicherer, behüteter Ort.

Bei allem, was ich tue, habe ich ein gutes Gefühl.

Tun

Wenn ich mit dem Leben in Harmonie bin, werden mir mehr Segnungen zuteil, als ich mir je hätte träumen lassen. Man kann so unendlich viel tun. Wenn ich heute eine schwere Arbeit vollbracht habe, freue ich mich. Habe ich heute nur ein bisschen gearbeitet, freue ich mich auch. Und habe ich heute gar nichts getan, freue ich mich auch dann. Was immer ich tue, es ist im Moment genau das Richtige. Es gibt wirklich nichts, das ich tun »muss«. Es gibt Dinge, die ich sinnvollerweise tun sollte; doch ich habe immer Wahlmöglichkeiten. Das Leben ist ein Abenteuer, und das Universum ist immer auf meiner Seite!

Leicht und mühelos fließe ich mit dem Leben.

Ich mache mein Unterbewusstsein ganz bewusst zu meinem Verbündeten.

Unterbewusstsein

Mein Unterbewusstsein ist ein Lagerhaus für Informationen. Es speichert alles, was ich denke und sage. Wenn ich es mit Negativem füttere, bringt es Negatives hervor. Füttere ich es dagegen mit Positivem, erziele ich positive Resultate. Daher entscheide ich mich bewusst dafür, positive, liebevolle und ermutigende Botschaften in meinem Unterbewusstsein zu speichern, damit es angenehme Erfahrungen für mich erzeugt. Ich löse mich jetzt von allen Ideen und Überzeugungen, die mich einengen und meine Entwicklung behindern. Ich programmiere mein Unterbewusstsein mit neuen Glaubenssätzen, die Freude und Wohlergehen in mein Leben bringen.

Ich programmiere mein Unterbewusstsein mit liebevollen Botschaften.

Ich entspanne mich,

denn ich weiß,

das Leben

unterstützt mich

immer

und überall.

Unterstützung

Das Universum lässt mich nie im Stich. Alles Leben unterstützt mich Tag und Nacht. Was ich für ein erfülltes Leben brauche, steht mir jederzeit zur Verfügung. Solange ich lebe, gibt es genug Luft zum Atmen für mich. Die Erde versorgt mich mit einer Fülle von Nahrungsmitteln. Es gibt Millionen von Menschen, mit denen ich zusammenarbeiten kann. Ich werde auf jede erdenkliche Weise unterstützt. Jeder meiner Gedanken spiegelt sich in meinen Erfahrungen wider. Das Leben sagt immer Ja zu mir. Alles, was ich dafür tun muss, ist, diese Schätze und diese Unterstützung dankbar und freudig anzunehmen. Ich trenne mich jetzt von allen Denkmustern und Glaubenssätzen, die mich daran hindern, alle guten Dinge freudig zu akzeptieren. Ich werde vom Leben selbst geliebt und unterstützt.

Das Leben unterstützt mich.

Ich bin in meinem Leben

die verantwortliche Macht.

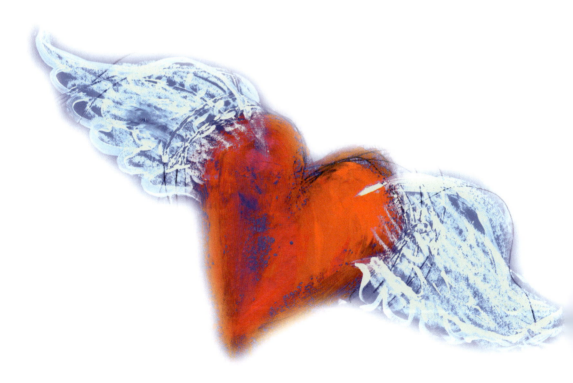

Verantwortung

Wenn wir zum ersten Mal hören, wir seien für unsere Erfahrungen selbst verantwortlich, empfinden wir das meistens als Vorwurf. Und Vorwürfe und Kritik bewirken, dass wir uns schuldig und schlecht fühlen. Doch es ist keinerlei Vorwurf damit verbunden. Zu begreifen, dass wir selbst verantwortlich sind, ist ein großes Geschenk. Denn jene Kraft, die uns hilft, unsere Erfahrungen zu erzeugen, kann uns auch helfen, diese zu verändern. Statt uns den Umständen hilflos ausgeliefert zu fühlen, werden wir zu Menschen, die in der Lage sind, ihr Leben auf positive Weise zu gestalten. Wenn wir lernen, schöpferischen Gebrauch von unseren Gedanken zu machen, verleiht uns das Stärke. Es gibt uns die Kraft, Schwierigkeiten zu meistern, notwendige Veränderungen zu vollziehen und unsere Lebensqualität zu steigern.

Freudig akzeptiere ich meine Verantwortung.

Innere Arbeit verbessert stets meine Lebensqualität.

Verbesserung

Ich bin ein einfacher Mensch mit einem verblüffend komplexen Geflecht von Glaubenssätzen. Ich lerne jetzt, wie ich zu der Liebe gelangen kann, die sich hinter jedem meiner persönlichen Probleme verbirgt. Ich bin geduldig und sanft mit mir, während ich lerne und reife und mich verändere. Das Leben wird viel leichter, wenn ich Frieden mit mir selbst schließe. Es ist wichtig zu wissen, dass Veränderungen auch ohne Selbstvorwürfe und Kritik möglich sind. Viel zu lange glaubte ich, mich nur zu Veränderungen anspornen zu können, indem ich mich selbst herabsetzte und kritisierte. Doch das ist nicht wahr. Positive Veränderungen werden durch Selbstvorwürfe sehr erschwert. Praktiziere ich dagegen liebevolle Selbstannahme, stellen sich die gewünschten Veränderungen viel leichter ein. Änderungen zum Besseren sind schließlich etwas völlig Natürliches.

Jeden Tag achte ich auf innere Eingebungen, wie sich meine Lebensqualität steigern lässt.

Ich assimiliere nur Gutes und lasse es sich in meinem Leben verwirklichen.

Verdauung

Meine Assimilation, Verdauung und Ausscheidung der Lebensenergie funktioniert perfekt. Meine Zellen und Organe wissen genau, was sie zu tun haben. Und ich trage durch gesunde Ernährung und klares, positives, liebevolles Denken meinen Teil zu ihrer Arbeit bei. Für jeden meiner Körperteile gibt es ein entsprechendes mentales Muster. Der Magen ist jener Teil von mir, wo Ideen verdaut und assimiliert werden. Wenn ich mit neuen Erfahrungen konfrontiert werde, habe ich manchmal Schwierigkeiten, sie zu verarbeiten. Und doch kann ich auch inmitten großer Veränderungen stets Gedanken wählen, die meinem ewigen Wesenskern angemessen sind. Ich bin eine göttliche, wunderbare Manifestation des Lebens.

Das Leben ist für mich gut verdaulich.

Verdienst

Alle Menschen verdienen ein glückliches, erfülltes Leben. Wie die meisten Menschen glaubte ich, dass ich nur ein kleines bisschen Glück verdient hätte. Nur wenige Menschen glauben, sie hätten *alles Glück* verdient. Aber es besteht kein Grund, unser Glück, das Gute im Leben, zu limitieren. Die meisten von uns wurden dazu erzogen, dass man Glück nur erwarten darf, wenn man seinen Spinat isst, sein Zimmer aufräumt, sich die Haare kämmt, seine Schuhe putzt, keinen Lärm macht und so weiter. Zwar mag es wichtig sein, diese Dinge zu lernen. Doch ich erkenne jetzt, dass ich bereits gut genug bin und ein wunderschönes Leben verdiene, auch ohne dass ich etwas an mir ändere. Ich öffne meine Arme weit und erkläre liebevoll, dass ich alles Glück dieser Welt verdiene und akzeptiere.

Ich bin offen für wunderbare Erfahrungen.

Vergebung ist das Heilmittel, das immer zur Hand ist.

Vergebung

Ich genieße das Gefühl der Freiheit, das sich einstellt, wenn ich meinen schweren Mantel aus Kritik, Angst, Schuldgefühlen, Groll und Scham ablege. Dann kann ich mir und anderen vergeben. Dadurch werden wir alle befreit. Ich bin bereit, einen Schlussstrich unter alte Konflikte zu ziehen. Ich will nicht länger in der Vergangenheit leben. Ich vergebe mir, dass ich diese alten Lasten so lange mit mir herumtrug. Ich vergebe mir, dass ich nicht wusste, wie ich mich selbst und andere lieben sollte. Jeder Mensch ist für sein Verhalten selbst verantwortlich, und jeder bekommt vom Leben das zurück, was er selbst gibt. Es gibt daher für mich keinen Grund, andere zu bestrafen. Wir leben alle unter dem Gesetz unseres eigenen Bewusstseins. Statt anderen Vorhaltungen zu machen, kümmere ich mich darum, mich von negativen Gedanken zu befreien, damit die Liebe in mein Bewusstsein einziehen kann. Dann bin ich geheilt.

Ich bin bereit zu vergeben.

Seit Anbeginn der Zeiten hat es nie zuvor einen Menschen wie mich gegeben. Daher brauche ich mich mit nichts und niemandem zu vergleichen oder zu messen.

Vergleiche

Ich bin hier, um zu lernen, mich und andere bedingungslos zu lieben. Obgleich ich wie jeder Mensch messbare körperliche Merkmale wie Größe und Gewicht habe, bin ich doch viel mehr als meine körperliche Erscheinungsform. Und gerade der nicht messbare Teil von mir ist es, in dem meine wirkliche Macht liegt. Wenn ich mich mit anderen Menschen vergleiche, fühle ich mich entweder über- oder unterlegen, aber nie gut genug, so, wie ich bin. Was für eine Vergeudung von Zeit und Energie! Jeder von uns ist auf seine Weise ein einzigartiges, wunderbares Geschöpf. Ich schaue jetzt nach innen und verbinde mich mit dem einzigartigen Ausdruck jenes ewigen Einsseins, das ich bin und das wir alle sind. Alles in der physischen Welt wandelt sich. Während ich harmonisch mit diesen Veränderungen fließe, bleibe ich doch immer verbunden mit jenem Zentrum tief in mir, das allen Wandel überdauert.

Ich bin unvergleichlich!

*J*ch bin niemals

allein oder verlassen,

denn ich wohne

in der Göttlichen

Intelligenz.

Verlorenheit

Wenn ich mich allein oder verloren fühle oder wenn etwas verloren gegangen ist, versenke ich mich, statt in Panik zu geraten, in die Intelligenz in mir, die weiß, dass im Göttlichen Geist niemals etwas verloren geht. Diese Intelligenz ist überall. Sie ist in allem, das mich umgibt. Sie ist auch in dem, wonach ich suche. Sie ist hier und jetzt in mir. Ich bejahe und bekräftige, dass diese Eine Intelligenz jetzt mich und das, was ich suche, zur rechten Zeit und am rechten Ort zusammenführt. Es gibt immer einen Weg. Während des Tages öffne ich immer wieder bewusst meinen Geist und erinnere mich daran, wer ich wirklich bin – eine Göttliche, Wunderbare Ausdrucksform des Lebens, erschaffen von einer Liebevollen und Unendlichen Intelligenz. Alles ist gut.

Es gibt nur eine Intelligenz.

Wenn sich eine Tür schließt, öffnet sich dafür eine andere.

Verlust

Die Natur scheut das Vakuum. Wenn etwas aus meinem Leben verschwindet, wird etwas Neues seinen Platz einnehmen. Selbst das Ende einer Liebesbeziehung oder plötzliche Arbeitslosigkeit können Signale sein, dass etwas Größeres auf mich wartet. Statt Angst zu bekommen oder bitter zu werden, öffne ich mein Herz, breite die Arme aus und sage: »Alles wird immer besser und besser. Ich weiß, dass das Leben nur Gutes für mich bereithält. Stets bin ich göttlich geführt und beschützt.« Dann konzentriere ich mich auf die vielen Segnungen, die jeder Tag mir bringt.

Neue und wundervolle Chancen tun sich für mich auf.

Je mehr
ich das Leben verstehe,
desto weiter wird mein
Horizont.

Verständnis

Ich bin lernfähig. Jeden Tag nehme ich die Göttliche Weisheit in mir deutlicher wahr. Ich freue mich, am Leben zu sein, und bin sehr dankbar für das Gute, das mir zuteil wurde. Das Leben ist für mich eine Schule. Jeden Tag öffne ich, wie ein Kind, meinen Geist und mein Herz, entdecke neue Menschen, sammle neue Eindrücke und begreife auf neue Weise, was in mir und um mich herum geschieht. Oft versteht mein menschlicher Verstand die Dinge nicht auf Anhieb. Um zu verstehen, ist manchmal eine Menge Liebe und Geduld nötig. Meine neuen geistigen Fähigkeiten helfen mir dabei, die vielen Anforderungen dieser unglaublichen Schule des Lebens auf dem Planeten Erde zu meistern.

Ständig vertiefe ich mein Verständnis der Welt.

Ich vertraue darauf, dass das Leben mich mit allem versorgt, was ich brauche und mir wünsche.

Vertrauen

Ich weiß, dass ich als wunderschöne und vertrauensvolle Seele geboren wurde. Wenn die Lage schwierig wird, wende ich mich nach innen und verankere mein Denken fest in Wahrheit und Liebe. Ich bitte das Universum um Führung, sodass ich mich auf stürmischer See ebenso geborgen fühle wie bei ruhigem, schönem Wetter. Meine Aufgabe besteht darin, mich in der Gegenwart zu zentrieren und klare, einfache, positive Gedanken und Worte zu wählen. Ich vertraue dem Schöpfungsprozess und all seinen geheimnisvollen, wunderbaren Wegen.

Ich vertraue mir selbst und dem Leben.

Auf einer tiefen spirituellen Ebene ist mein Leben immer in Ordnung.

Vollkommene Ordnung

Die Sterne, der Mond und die Sonne bewegen sich alle in vollkommener göttlicher Ordnung. Ihren Bahnen liegt eine Ordnung, ein Rhythmus, ein Sinn zugrunde. Ich bin Teil des Universums. Daher weiß ich, dass auch mein Leben auf Ordnung, Rhythmus, Sinn beruht. Manchmal scheint in meinem Leben das totale Chaos zu herrschen, und doch weiß ich, dass hinter solchen chaotischen Situationen eine göttliche Ordnung steht. Wenn ich meine Gedanken ordne und die Lektion lerne, die gerade ansteht, verschwindet des Chaos und es zieht neue Ordnung in mein Leben ein. Alles ist gut in meiner Welt.

Das Universum befindet sich in vollkommener Ordnung.

Ich bin perfekt, ganz und heil.

Vollkommenheit

Ein kleines Kind würde nie sagen: »Oh, meine Hüften sind zu breit!« Oder: »Meine Nase ist zu lang.« Kinder wissen, dass sie vollkommen sind, und wir wussten das früher auch alle. Wir empfanden unsere Vollkommenheit als normal und natürlich. Als wir erwachsen wurden, begannen wir an unserer Vollkommenheit zu zweifeln. Und wir glaubten, erst noch vollkommen werden zu müssen. Man kann aber nicht werden, was man bereits ist. Man kann es nur akzeptieren. Sonst setzt man sich nur unnötig unter Stress. Wir sind alle völlig in Ordnung, so, wie wir jetzt sind. Machen wir uns also bewusst und versichern wir es uns innerlich immer wieder, dass wir göttliche, wunderbare Ausdrucksformen des Lebens sind und dass in unserer Welt wirklich und wahrhaftig alles gut ist.

*So, wie ich bin,
bin ich vollkommen.*

Wir sind alle eins.

Vorurteile

Wir bewohnen alle denselben Planeten. Wir atmen dieselbe Luft. Gleichgültig, wo ich geboren wurde und aufwuchs, welche Hautfarbe ich habe oder in welchem religiösen Glauben man mich erzog, alle Menschen sind Teil der einen Lebenskraft. Ich entscheide mich bewusst, anderen Menschen vorurteilsfrei zu begegnen. Ich fühle mich ihnen weder über- noch unterlegen. Ich entscheide mich für die Gleichheit aller und bin bereit zu warmherzigem, liebevollem Austausch mit allen Mitgliedern meiner planetaren Familie. Ich bin Teil der Gemeinschaft allen Lebens. Unterschiedliche Meinungen sind wunderbare, farbenfrohe Variationen menschlichen Selbstausdrucks. Jeden Tag öffnet sich mein Herz ein bisschen mehr, während ich die Welt erschaffe, in der ich gerne leben möchte.

Die Liebe ist stärker als alle Unterschiede zwischen den Menschen.

Ich wähle,
jeden Tag einen
Schritt nach vorn
zu machen …
und mich täglich
für etwas Neues
zu öffnen.

Wahlfreiheit

Ich wähle es, mich immer wieder daran zu erinnern, dass es für jedes Problem eine Lösung gibt. Und dass ich jede Herausforderung meistern kann, vor die mich das Leben stellt. Weil ich bewusst wähle, die Dinge auf solche Weise zu sehen, sind für mich alle Schwierigkeiten nur vorübergehender Natur. Ich bin ein guter, liebenswerter Mensch. Ich wähle, dass ich es nicht nötig habe, mich selbst zu bemitleiden. Ich bin bereit, die Lektion zu lernen, die meine momentane Situation für mich bereithält, und öffne mich für alle guten Dinge des Lebens. Ich wähle, dass ich bereit zur Veränderung bin. Ich akzeptiere, dass ich nicht immer im Voraus weiß, welche Lösung für ein Problem mir das Leben bringen wird. Aber ich kann vertrauen, und darum vertraue ich darauf, dass mir alles, was ich wissen muss, zur rechten Zeit enthüllt wird. Alles in meiner Welt entfaltet sich auf bestmögliche Weise.

Ich wähle, in höchstmöglicher Bewusstheit zu leben.

𝒥ch lebe

in einer wunderbaren

Zeit des Wandels

und des Übergangs.

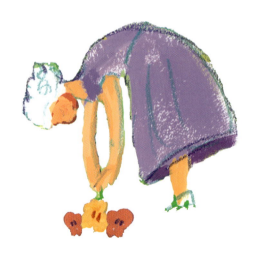

Wandel

Ich lebe in einer Zeit des Übergangs. Es geht darum, alte Glaubenssätze aufzugeben und sich für neue Ideen zu öffnen. Einsamkeit, Wut, Isolation, Angst und Schmerz sind Teil des alten Furcht-Syndroms. Und eben dieses Syndrom will ich nun heilen helfen. Ich wähle, dass ich von der Angst zur Liebe finde. Ich lerne, mich nach innen zu wenden. In mir finde ich die Kraft, mich selbst und meine Welt zu verändern. Ich brauche nicht länger Opfer zu sein. Ich kann Gedanken und Glaubenssätze wählen, die mich befreien. Ich habe gelernt, Verantwortung für mich selbst zu übernehmen, mache Gebrauch von meiner inneren Kraft und führe positive Veränderungen in meinem Leben herbei.

*Ich bin bereit,
mich zu verändern.*

Ich vertraue auf meine innere Weisheit.

Weisheit

Tief im Zentrum meines Seins gibt es eine Quelle der inneren Weisheit. Dort finde ich die Antworten auf alle Fragen. Diese innere Weisheitsquelle steht in direkter Verbindung zur unendlichen Weisheit des Universums. Es wird mir also niemals an Antworten mangeln. Jeder Tag ist ein neues freudiges Abenteuer für mich, denn ich entscheide mich bewusst dafür, meiner eigenen inneren Weisheit zu lauschen. Diese Weisheit ist mir jederzeit frei zugänglich. Ich bitte und empfange. Und ich bin dankbar.

Innere Weisheit
leitet mich
auf allen Wegen.

Ich habe ein Wohlstandsbewusstsein.

Wohlstand

Ich habe einen großen Schatz geerbt – die Liebe in meinem Herzen. Je mehr ich diesen Schatz mit anderen teile, desto reicher werde ich. Wohlstand beginnt damit, dass ich mich selbst mag. Wie viel Geld ich habe, spielt keine Rolle. Wenn ich mich selbst nicht mag, kann ich mich an meinem Geld nicht erfreuen, ganz egal, wie viel ich davon besitze. Mein Haus, mein Auto, meine Kleidung, meine Freunde und mein Bankkonto spiegeln lediglich wider, was ich von mir selbst denke. Und, wie immer meine momentane Situation aussehen mag, ich kann mein Denken verändern. Wahrer Wohlstand ist nie von einer bestimmten Geldsumme abhängig; er ist ein geistiger Zustand. Mein Geist ist offen dafür, Wohlstand zu empfangen. Jeden Tag sage ich mit ausgebreiteten Armen: »Ich bin offen und empfangsbereit für alle guten Dinge des Universums.«

Ich habe immer alles, was ich brauche.

Zeit

Die Zeit ist immer genau das, wozu ich sie mache. Wenn ich mich dafür entscheide, mich unter Zeitdruck zu fühlen, läuft die Zeit schneller, und ich habe zu wenig Zeit. Entscheide ich mich dafür, immer genug Zeit für die Dinge zu haben, die ich tun möchte, verlangsamt sich die Zeit, und ich kann alles in Ruhe erledigen. Wenn ich mit dem Auto im Stau stecken bleibe, sage ich mir innerlich sofort, dass alle Autofahrer sich nach Kräften bemühen, so bald wie möglich an ihren Zielorten einzutreffen. Ich atme tief durch, segne die anderen Fahrer liebevoll und vertraue darauf, dass ich zur rechten Zeit an meinem Ziel ankomme. Wenn ich die Vollkommenheit in jeder Situation erkenne, bin ich nie in Eile oder zu spät dran, und alles ist gut.

*Ich bin immer
zur rechten Zeit
am rechten Ort.*

Mein inneres Zuhause

und mein äußeres Zuhause

sind Orte der Schönheit

und des Friedens.

Zuhause

Ich bin in meinem Herzen zu Hause. Mein Herz begleitet mich überallhin. Wenn ich mich selbst liebe, schaffe ich mir damit ein sicheres und behagliches Heim. Ich fühle mich dann in meinem eigenen Körper zu Hause. Mein äußeres Zuhause spiegelt wider, wie es um mein Selbstwertgefühl bestellt ist. Wenn bei mir zu Hause totales Chaos herrscht und das Durcheinander mir über den Kopf wächst, lässt sich nur Ordnung schaffen, indem ich in einer Ecke eines Zimmers beginne und mich dann allmählich vorarbeite. Genauso ist es auch mit meinem Geist: Ich ändere einen Gedanken nach dem anderen. Irgendwann wird dann das ganze Haus aufgeräumt und ordentlich sein.

Mein Herz
ist mein Zuhause.

© 1999 Charles William Bush Photography

Über die Autorin

Louise L. Hay ist eine metaphysische Lehrerin und Bestsellerautorin. Ihre 27 Bücher wurden in 25 Sprachen übersetzt und sind in 33 Ländern erschienen. Louise begann ihre Laufbahn 1981 als Geistliche der Sciene-of-Mind-Kirche. Seither hat sie Tausenden von Menschen geholfen, die eigenen schöpferischen Kräfte zu entdecken und so zu persönlichem Wachstum und Selbstheilung zu gelangen. Louise ist Gründerin und Inhaberin des Verlags Hay House, der mit seinem Programm aus Büchern, Audio- und Videokassetten einen Beitrag zur Heilung unseres Planeten leistet.

Von Louise L. Hay sind erschienen:

Auf Deutsch:

BÜCHER

Balance für Körper & Seele.
   Ullstein, Berlin 2004
Das große Buch der wahren Kraft.
   Ullstein, Berlin 2004
Du kannst es! Ansata, München
   2003
Dankbarkeit erfüllt mein Leben.
   Freiburg: Alf Lüchow 1997
*Das goße Buch der heilenden Gedan-
   ken.* Ullstein, Berlin 2004
*Das Leben lieben. Heilende Gedanken
   für Körper und Seele.*
   Ullstein, Berlin 2004
*Die Kraft einer Frau. Der weibliche
   Weg zur Selbstheilung*
   Ullstein, Berlin 2004
Du bist dein Heiler.
   Ullstein, Berlin 2004
*Du selbst bist die Antwort.
   Botschaften an Ratsuchende.*
   München: Ullstein, Berlin 2004
Ein Garten aus Gedanken.
   Freiburg: Alf Lüchow 1996
Gesundheit für Körper und Seele
   (Taschenbuchausgabe)
   Ullstein, Berlin 2004
Hay, Louise L., und Freunde,
   Gute Gedanken für jeden Tag.
   Ullstein, Berlin 2005
Heile Deinen Körper A–Z.
   Freiburg: Alf Lüchow 1999
*Heile Deinen Körper. Seelisch-
   geistige Gründe für körperliche
   Krankheit.* Freiburg: Alf Lüchow
   1998
Herzensweisheiten. Freiburg:
   Alf Lüchow 1996
*Liebe deinen Körper. Positive
   Affirmationen für einen gesunden
   Körper.* Freiburg: Alf Lüchow 1996
Licht für Körper und Seele.
   Ullstein, Berlin 2005
Meditation für Körper und Seele.
   Ullstein, Berlin 2004
Wahre Kraft kommt von Innen.
   Ullstein, Berlin 2004
Hay, Louise L., und John C. Taylor,
   *Die innere Ruhe finden.
   Meditation als Weg.* Ullstein
   Berlin 2004

AUDIOKASSETTEN UND CDs

Die Kraft einer Frau. München: Heyne 1999 (CDs und Tonkassetten)
Gesundheit für Körper und Seele – Das Praxis-Hörbuch: Augsburg: Axent 1997
Heile Dein Leben. Landsberg: mvg 1998

DECKS

Körper und Seele. Ullstein, Berlin 2004
Glück und Weisheit. Ullstein, Berlin 2004
JedenTag gut drauf. Ullstein, Berlin 2004

VIDEOKASSETTEN

Ein Treffen mit Louise L. Hay. Ein Video-Begleitkurs zu ihrem Bestseller »Gesundheit für Körper und Seele«. Freiburg: Alf Lüchow 1997

Für alle Leser, die sich noch eingehender mit Louise L. Hay befassen möchten, folgt eine Liste ihrer in den USA erschienenen Titel:

BÜCHER

Colors & Numbers
Empowering Woman
A Garden of Thoughts: My Affirmation Journal
Gratitude: A Way of Life (Louise and Friends)
Heal Your Body
Heal Your Body A–Z
Heart Thoughts: A Treasury of Inner Wisdom
Letters to Louise
Life! Reflections on You Journey
Love Your Body
Love Yourself, Heal Your Life Workbook
Loving Thoughts for Health and Healing
Loving Thoughts for Increasing Prosperity
Loving Thoughts for a Perfect Day

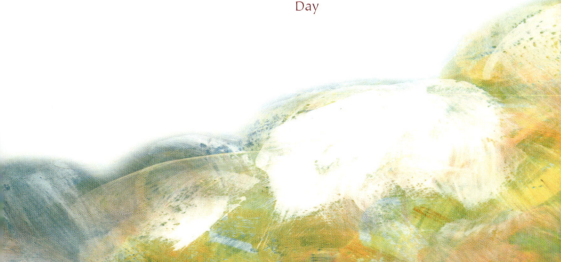

Loving Thoughts for Loving
    Yourself
Meditations to Heal Your Life
Millennium 2000 (Louise and
    Friends)
101 Power Thoughts
101 Ways to Happiness
101 Ways to Health and Healing
The Power Is Within You
You Can Heal Your Life
You Can Heal Your Life
    (gift edition)
You Can Do It!

MALBÜCHER/AUDIO-
    KASSETTEN FÜR KINDER

Lulu and the Ant: A Message of
    Love
Lulu and the Dark: Conquering
    Fears
Lulu and Willy the Duck:
    Learning Mirror Work

AUDIOKASSETTEN

Aids: A Positive Approach
Cancer: Discovering Your
    Healing Power
Change Your Thoughts, Change
    Your Life (with Michael Toms)
Elders of Excellence
Empowering Woman
Feeling Fine Affirmations
Gift of the Present (with Joshua
    Leeds)

Heal Your Body (audio book)
Life! Reflections on Your Journey
    (audio book)
Love Your Body (audio book)
Loving Yourself
Meditations for Personal Healing
Meditations to Heal Your Life
    (audio book)
Morning and Evening Meditations
Overcoming Fears
The Power Is Within You
    (audio book)
Self Healing
Songs of Affirmations
    (with Joshua Leeds)
Tools for Success
    What I Believe/Deep Relaxation
You Can Heal Your Life (audio
    book)
You Can Heal Your Life
    Study Course

**Conversations on Living
    Lecture Series**

Change and Transition
Dissolving Barriers
The Forgotten Child Within
How to Love Yourself
The Power of Your Spoken Word
Receiving Prosperity
Totality of Possibilities
Your Thoughts Create Your Life

Personal Power Through Imagery Series

Anger Releasing
Forgiveness/Loving the Inner Child

Subliminal Mastery Series

Feeling Fine Affirmations
Love Your Body Affirmations
Safe Driving Affirmations
Self-Esteem Affirmations
Self-Healing Affirmations
Stress-Free Affirmations

CDs

Self-Healing
Forgiveness/Loving the Inner Child & Anger Releasing
Meditations for Personal Healing/Overcoming Fears
Self-Esteem Affirmations

VIDEOKASSETTEN

Dissolving Barriers
Doors Opening: A Positive Approach to Aids
Receiving Prosperity
You Can Heal Your Life Study Course
Your Thoughts Create Your Life